U0623703

# 源远流长

## 一本书读懂中国文化

YI BEN SHU DU DONG ZHONG GUO WEN HUA

姜越 / 编著

中华文化一本通

中国文史出版社

图书在版编目（CIP）数据

源远流长：一本书读懂中国文化 / 姜越编著. —北京：中国文史出版社，2024.5

ISBN 978-7-5205-4656-0

Ⅰ. ①源…　Ⅱ. ①姜…　Ⅲ. ①中华文化—通俗读物　Ⅳ. ①K203-49

中国国家版本馆CIP数据核字（2024）第079587号

责任编辑：殷旭

出版发行：**中国文史出版社**

网　　址：www.wenshipress.com

社　　址：北京市海淀区西八里庄路69号　邮编：100036

电　　话：010-81136662　81136606（发行部）

传　　真：010-81136666

印　　装：廊坊市海涛印刷有限公司

经　　销：全国新华书店

开　　本：16开

印　　张：20.25

版　　次：2024年10月北京第1版

印　　次：2024年10月第1次印刷

定　　价：66.00元

# 前　言

中国文化博大精深、包罗万象。本书所说的中国文化，主要指传统文化，即最能反映中华民族特质和民族风貌，凝结了民族精神和民族气质，并且不断地为中华民族世世代代所继承和发展的文化。它的精神内核是孔子所创立的儒家思想，同时又辅以道家思想和佛家思想。因此，它特色鲜明、内涵丰富、历史悠久、博大精深，是中华民族数千年文明的结晶。

数千年来，中国文化一直在世界上大放光彩，在对外交往中，它传播迅速，影响广泛。日本倾慕盛唐文化，派出十几批遣唐使。马可·波罗来到中国，对中华帝国的强大和富庶叹为观止。然而，到了清末，西方的坚船利炮打开中国的大门，中华文明的尊严受到挑战，中国人也开始了痛苦的求索和转型。中国人第一次对自己的文化产生怀疑，甚至认为传统文化是中国落后的总根源，直欲弃之如敝屣。“五四运动”时期，有人提出要打倒“孔家店”，就是这种思潮的反映。

到了今天，随着改革开放的推进，中国的国力蒸蒸日上，中华民族重新恢复了自信，我们又开始重新审视自己的文化——原来我们的文化并不差，不能妄自菲薄。这就是当前持续不断的“国学热”产生的思想背景。

在今天这样一个全球化的时代，任何一个民族，任何一种文化，都不可能孤立地存在，独自发展。因此我们说，中国需要世界，世界也需要中国。随着中国的国际地位和影响力的不断提高，中国文化在世界上发挥的作用也在日益增大。世界各国瞩目中国，中国文化在世界上受到空前的重视：世界各国人士学习汉语的热情空前高涨，“孔子学院”迅速在全球各地落户；“东方智慧”也成为热门课题。面对这样的历史变化，面对中国文化的这种走向，我们作为中国人应当感到自豪，应当责无旁贷地承担起向世界传播中国文化的历史责任。这就要求我们必须深入了解自己的文化。

如果我们数典忘祖，对本国文化一知半解，又怎么去继承和弘扬呢？所以，值此民族复兴之际，青年朋友们应该认真学习传统文化，不仅学习传统文化的知识，更要学习传统文化的内在精神，践行古人崇尚的道德品质，才是新时代的中国人。

# 目　录

## 第一章　传统伦理道德



## 第二章　古代哲学流派及人物

## 第三章 重要历史事件

## 第四章 史家与史学名著



## 第五章 古代文史常识

## 第六章 古籍常识

## 第七章 古代文学常识

## 第八章 诗词名句



## 第九章 古代音乐戏曲常识

## 第十章 建筑园林

## 第十一章 古代礼仪常识

# 第一章 传统伦理道德

## 礼义廉耻

礼义廉耻，是中国传统的道德标准，是治国的四大纲纪，又称“四维”。语出《管子·牧民》：“何谓‘四维’？一曰礼，二曰义，三曰廉，四曰耻。”又说“国有四维，一维绝则倾，二维绝则危，三维绝则覆，四维绝则灭”“四维不张，国乃灭亡”。欧阳修曾对管子的“四维不张，国乃灭亡”之言倍加赞赏。他还在《新五代史》中阐释说：“礼义是治人的大法，廉耻是立人的大节。不廉就会无所不取，无耻就会无所不为。人若寡廉丧耻、贪得无厌，灾祸就会接踵而来；国家大臣若寡廉丧耻、恣意妄为，那么国家必定会灭亡。”可以说，管子对“礼义廉耻”的认识不输以德治著称的儒家，与孔孟之道并没有本质差别。

## 五　伦

五伦，又称“人伦”，是人与人之间基本的道德关系。父子、君臣、夫妇、兄弟、朋友，即所谓“五伦”。在儒家看来，人类社会就是一张覆盖的网，由这五种关系编织而成，人就置于网下，应按部就班地生活，出了这五种关系就是大逆不道，与禽兽无异。孟子这样解释“五伦”：“父子有亲，君臣有义，夫妇有别，长幼有序，朋友有信。”在《礼记·礼运》中则有“十义”的说法：“父慈、子孝、兄良、弟弟（悌）、夫义、妇听、长惠、幼顺、君仁、臣忠。”这是对孟子“五伦说”的进一步细化。“五伦”是儒家提倡的基本行为准则，对后世产生了深远影响。

## 三纲五常

三纲五常指三条纲领和五项永恒的原则。这是儒学的基本道德规范。

“三纲”是指：君为臣纲，父为子纲，夫为妻纲。纲是渔网上的大绳，与纲相对的是目，目是网眼。举起纲，网眼就张开。目对纲，是绝对服从的关系。把君主、父亲、丈夫称为纲，就决定了臣子、儿子和妻子对于他们的绝对服从的关系。

“五常”是仁、义、礼、智、信，这是儒学的基本道德准则。儒学认为这五条原则是永恒不变的，所以称之为“常”。

“仁”是儒家学说的核心，对中华文化和社会的发展产生了重大影响。“仁”字始见于儒家经典《尚书·金縢》：“予仁若考。”“仁”指好的道德。《朱熹集注》：“仁者，心之德，爱之理。”孔子首先把“仁”作为儒家最高道德规范，提出了一套以仁为核心的学说。

“仁”的内容包含甚广，核心是爱人。仁字从“人”从“二”，也就是人们应该互存、互助、互爱，故其基本含义是指对他人的尊重和友爱。

“义”，是传统社会的价值范畴，“五常”之一。《中庸》讲：“义者，宜也。”《朱熹集注》讲：“义者，心之制，事之宜也。”就是说，做事遵循内心的道德约束，去做应该做的，就是义。孔子将“义”作为个人去就取舍的标准，提倡“见得思义”“义然后取”“不义而富且贵，于我如浮云”。这一观念深为后世儒家赞赏，继而被发扬光大。

“礼”，传统社会的价值范畴，“五常”之一。其最初是祭神的仪式，后来内涵扩展，指等级社会中体现尊卑贵贱的行为规范和仪式制度等。“礼”的范围甚广，所谓“礼仪三百，威仪三千”，举凡祭神、宫寝、服饰、车马、仪仗及婚丧嫁娶，乃至举手投足，都有具体的规定，以体现贵贱有别、尊卑有序。根据传统的说法，周公制礼乐，奠定了以礼为治的教化传统，而孔子将这一传统发扬光大，除了倡导以礼治国，更加注重修身。“不学礼，无以立”“克己复礼为仁”都是孔子的名言，有其特定的道德内涵。作为封建“五常”之一，“礼”对人的视听言动都有着严格的规定，像“非礼勿视，非礼勿听，非礼勿言，非礼勿动”等，颇受今人诟病，觉得是对人性的扼杀、摧残，而“吃人的礼教”也因而成了著名的文学比喻，在近代作品中比比皆是。但在新时代，我们可以赋予“礼”新的内涵。

“智”，传统社会的价值范畴，“五常”之一。这里的“智”，不是佛家之顿悟，也不是科学智慧，而是道德智慧，即辨别是非、善恶的能力。儒家学者认为，具备了这种道德智慧，才能成为君子。如孟子认为，“智”为“是非之心”，人只要尽心，进一步充实自己的道德智慧，就能知性，知天，继而达到超凡脱俗的境界。孔子则将智、仁、勇三者并提：“知（智）者不惑，仁者不忧，勇者不惧。”将其视作君子的美德。《礼记·中庸》对孔子的概括给予高度评价，称其为“天下之达德”。

“信”，传统社会的价值范畴，“五常”之一。“信”，即诚实、不欺。“信”被儒家视为人与人之间交往的起码准则。孔子教授弟子，“忠信”并提，他说：如果人没有“信”，就如同马车没有车轮，不能远行。曾子每日三省其身，其一就是“与朋友交而不信乎”，意思是，我和朋友交往守信了吗？“信”还被孔子推及到治理国家的层面上，他认为，在“足食”、“足兵”与“取信于民”三者间，首先要“取信于民”。他说：“没有粮食，不过死亡，但人生自古谁都免不了一死，而国家一旦不能取得国民的信任，就无法立足。”这种以诚信立国的观念，除了儒家，法家等门派也有主张，如著名的商鞅变法，其树立的就是“言必信，行必果”的威信。当然，相对于法家“南面立木，下设黄金”，儒家的“信”更侧重于君子品德的修为。到了汉代，武帝“罢黜百家，独尊儒术”，“信”被列入“五常”。“诚实”“不欺”作为一种社会公德，从此便被普遍认同了。

“三纲”的思想渊源是孔子讲的一句话，即“君要像个君主的样子，臣要像个臣子的样子，父要像个父的样子，子要像个子的样子”。也就是，君、臣、父、子要按照礼制的规定，履行自己的义务和职责。董仲舒在孔子关于君臣、父子关系的主张之上，又加上了夫妻关系，并且淡化了君主、父亲、丈夫的职责和义务，把臣、子、妻完全放在服从的地位，还将这三条纲领确定为实行王道仁政的三条纲领。董仲舒认为这三条纲领是根据天意制定的。五常是仁、义、礼、智、信的总称，也是董仲舒首先把它们总称为“五常”，并且认为王者如果能够认真实行这五常，就一定能够得到天的保佑和鬼神的支持，使自己的统治扩大到遥远的地方，使百姓享受安乐和幸福。

从宋代朱熹始，三纲五常联用。从上述可知，三纲五常的观念，源自先秦，经孟子发展，成为五伦。到了汉代，孟子的五伦思想转型成为三纲五常，成为了汉代礼教文明的纲纪准则，这一思想影响了中国两千多年的文明历史与政教制度。

## 孝悌

孝，指子女对父母应尽的义务，包括尊敬、扶养、顺从、送终、守灵等。中国人重孝道，将其视为一种传统美德。孝的观念在中国源远流长，可以追溯至商周时期（当时的甲骨文中已出现了“孝”字）。到了西周，随着宗法制度建立，孝的观念被不断加强。实际上，国人奉行孝道，还有更深刻的人性根源，那就是宗教。古人信奉“灵魂”，认为先祖的在天之灵能保佑或降祸于子孙，所以孔子曾这样解释“孝”的具体内容：“生，事之以礼；死，葬之以礼，祭之以礼。”孔子亦始终将“孝”作为其人生哲学的基点，其门下也以“孝”为仁之本。到了汉代，统治者也力倡孝道，主张“以孝治天下”，连官员的选拔也要“孝”字当头。像我们熟知的“孝廉”就是选拔官吏的科目之一。此后历朝历代都制定各种制度，来保证这一道德规范的实行。例如，至亲亡故，要奔丧、守丧；如果不孝，重者会被定罪，给以极严厉的处罚。古代流传下的关于孝行的文本像《孝经》、正史中的《孝义传》及《二十四孝》等，记载的都是如何实行孝道。在今天看来，有些内容不仅迂腐，而且不近人情，像“卖身葬父”“卧冰求鲤”乃至寻死等，这些在古代青史留名的事，在今天看来并不足取。

尽管如此，“孝”作为华夏民族的传统道德，已深入人心，虽然到了现代，有所淡化，但像祭祖、奔丧、守灵、戴孝及对团圆的讲求等，仍是不可动摇的。

悌，儒家的伦理范畴，指敬爱兄长，顺从兄长。目的在于维护封建的宗法关系。常与“孝”并列，称为“孝悌”。儒家非常重视“孝悌”，把它看作实行“仁”的根本条件。《论语·学而》：“其为人也孝悌，而好犯上者鲜矣。不好犯上，而好作乱者，未之有也。君子务本，本立而道生。”《孟子·滕文公下》：“于此有人焉：入则孝，出则悌。”

## 己所不欲，勿施于人

“己所不欲，勿施于人”，是孔子所主张的处世原则。

孔子曾经对弟子们说：“有一个原则，它是我们终身都应该遵守执行的。”

曾参回答说："有的。"其他弟子问道："这是什么意思？"曾参说："夫子的原则只不过是忠诚和宽恕。"宽恕的意思是"己所不欲，勿施于人"，也就是说，自己不愿意承受的事情，也不要强加给别人。

与这个原则相伴随，孔子还主张：自己想要达到的目标，也要帮助别人达到；不愿意别人以某种方式对待自己，自己就首先不要用这种方式对待别人。

孔子曾经对他的学生说过，他的所有主张中贯穿着一个基本原则。其他学生都不理解这个原则是什么，只有曾参理解。曾参说，就是"忠恕"。"己所不欲，勿施于人"，就是"忠恕"原则的表现之一。

孔子认为这个原则是实行仁义的重要途径。如果每个人都从这里入手，就有可能成为一个具有仁义道德的人。这个原则放在当代，就是要设身处地地替别人着想。一个人要办什么事，首先要想一想，假如自己处在这样的地位，将会怎么做？这样思考问题，就可能使问题得到比较正确的处理。

因而，儒学提倡的这个原则在今天仍有它的生命力。

## 克己复礼

这是孔子学说的一个重要概念，出自《论语·颜渊》："颜渊问仁。子曰：'克己复礼为仁。一日克己复礼，天下归仁焉。为仁由己，而由人乎哉？'颜渊曰：'请问其目。'子曰：'非礼勿视，非礼勿听，非礼勿言，非礼勿动。’颜渊曰：‘回虽不敏，请事斯语矣。’”

这段话的意思是说，有一次孔子的弟子颜回请教如何才能达到仁的境界，孔子回答说：“努力约束自己，使自己的行为符合礼的要求。如果能够真正做到这一点，就可以达到理想的境界了，这是要靠自己去努力的。”颜回又问：“那么具体应当如何去做呢？”孔子答道：“不符合礼节的事，就不要去看、不要去听、不要去说、不要去做。”颜回听后向老师说：“我虽然不够聪明，但决心按照先生的话去做。”

由此看来，“克己复礼”是达到“仁”的境界的最佳方法。历代学者都认为，这是孔门传授的“切要之言”，是一种紧要的、切实的修养方法。然而对于“克己复礼”的含义，历史上却有不同的阐释。这里的“克”字，在古代汉语中有“克制”的意思，也有“战胜”的意思。宋代学者朱熹认为：“克己”的真正含义就是战胜自我的私欲；“礼”不仅仅是具体的礼节，而是泛指天理，“复礼”就是应当遵循天理。这就把“克己复礼”的内涵大大扩展了。朱熹指出，“仁”就是人内心的完美道德境界，其实也无非天理，所以能战胜自己的私欲而复归于天理，自然就达到了“仁”的境界。

## 忠　恕

中国儒家伦理范畴，处理人与人之间关系的原则。“忠”，尽力为人谋，中人之心，故为忠；“恕”，推己及人，如人之心，故为恕。

最早将“忠”“恕”联系起来的是中国春秋时代的曾子。他在解释孔子“吾道一以贯之”时说：“夫子之道，忠恕而已矣。”“忠恕”，是以待自己的态度对待人。孔门的弟子以“忠恕”作为贯通孔子学说的核心内容，是“仁”的具体运用。“忠恕”也成为儒家处理人际关系的基本原则之一。

## 中　庸

中庸，也称“中道”“中行”，是儒家为人处世的标准。孔子提倡的“中庸”，是不偏不倚，不保守，也不激进。他在述及弟子的“过”与“不及”时认为“过犹不及”，意谓激进与保守都不是最好的做事尺度，更认为“君子中庸，小人反中庸”“质胜文则野，文胜质则史；文质彬彬，然后君子”。从孔子的这些言论中，我们可以看出其对中庸的倾向与界定。

《中庸》相传是孔子之孙子思所作，北宋理学家程颐对其很是推崇，曾这样解释：“不偏之谓中，不易之谓庸。中者，天下之正道；庸者，天下之定理。”后世的朱熹也这样认为。

程朱的阐释与先贤的初衷多少有些背离，但这并不影响国人对中庸的理解。在国人心中，儒家的中庸之道，就是一种折中主义的处世态度与人生观。至于国人是否真的中庸，那就因人而异了。

## 修齐治平

“修齐治平”，儒家的个人理想。修即“修身”，齐即“齐家”，治即“治国”，平即“平天下”。出自《礼记·大学》：“古之欲明明德于天下者。先治其国；欲治其国者，先齐其家；欲齐其家者，先修其身；欲修其身者，先正其心；欲正其心者，先诚其意；欲诚其意者，先致其知，致知在格物。”

儒家以“修身”为中心，强调个人道德修养与治国、平天下的一致性，主张由近及远、由己及人，把“格物”“致知”“诚意”“正心”，作为“修身”“齐家”“治国”“平天下”的基础，形成封建伦理政治哲学的整个体系。这样，儒家的道德论便更加系统化、理论化，更能适应封建宗法等级制度统治的需要。

## 穷则独善其身，达则兼善天下

此句出自《孟子·尽心上》。穷，指在仕途上不得志；达，指在朝廷居于高位。意思是说，一个人若有幸参与朝政，就应以天下为己任，让民众受惠，这是积极的人生；若不能实现治国平天下的抱负，那么退而修身，洁身自好，也不失为一种积极的人生观。

儒家入世的主要方式是参政，称“学而优则仕”“治国平天下”，但即使是学富五车的孔子、孟子，从政之路也并非一帆风顺。孔子周游列国，碰壁无数；孟子则以布衣终老。丰富的人生阅历，让这些先哲们对人生有了更透彻的了解。孔子云：“不在其位，不谋其政。”又云：“天下有道则见，无道则隐。”孟子提出“独善其身”与“兼善天下”，则是对孔子人生观的补充。“兼善”（也作“兼济”）是进，“独善”属退，进退有据，人生设计虽不同，然均不离儒家圣贤之道。

## 内圣外王

“内圣外王”意思是：自身具有圣人的才德，对外施行王道。是古代修身为政的最高理想。这句话本来出自《庄子·天下》，后来成为儒家的主要思想。因为自宋以来，随着儒道释三教合流，理学出现，随之开始用“内圣外王”来阐释儒学。

孔子言论中处处体现着“内圣外王”思想。在“内圣”方面，孔子主张“为仁由己”，要“克己复礼”，一个人能不能成为品德高尚的仁人，关键在于自己。正所谓“我欲仁，斯仁至矣”。在“外王”方面，儒家以“修己”为起点，而以“治人”为终点。子曰：“修己以敬”“修己以安人”“修己以安百姓”。在孔子的思想中，“内圣”和

“外王”是相互统一的——内圣是基础，外王是目的。只有经过内心的不断修养，才能成为“仁人”“君子”，达到“内圣”，然后才能安邦治国，达到“外王”的目的。同样，“外王”实现了，“内圣”才能最终完成。

孔子“内圣外王”政治思想体现了道德与政治的直接统一。儒家无不讲道德，也无不谈政治，认为政治只有以道德为指导，才有正确的方向；道德只有落实到政治中，才能产生普遍的影响。没有道德作指导的政治，乃是霸道和暴政。这样的政治是不得人心的，也是难以长久的。

## 三从四德

“三从四德”是中国古代由儒家礼教对妇女提出的规范要求，产生于特定的时代：周代父权制婚姻家庭建立、男女尊卑界限明确之后，有了要求妇女“从父”“从夫”“从子”，服从男性的“三从”道德规范。而“四德”——“妇德”“妇言”“妇容”“妇功”，是女性实践“三从”时须要具备的礼仪、修养和操作技术。总而言之，“三从四德”要求妇女既要贤淑顺从，又要高尚能干。

“三从”一词最早见于儒家经典《仪礼》。该书在讨论妇女为夫、为父服丧年限（为夫三年，为父一年）时说，“妇人有‘三从’之义，无‘专用’之道，故未嫁从父，既嫁从夫，夫死从子。”《周易》则有妇女要顺从专一、恒久事夫的卦辞，并有夫死，妇女要殉夫以及限制改嫁等要求。“四德”最早见于《周礼》：“掌妇学之法，以教九御，妇德、妇言、妇容、妇功。”最初是为了对宫廷妇女进行教导，与“三从”连称后，即成了标准——“三从四德”。具体来说，三从：“未嫁从父”要求没有出嫁的女子听从父亲的话，不违父命，还要在父亲危难之时挺身而出；“既嫁从夫”要求为人妻的妇女要跟随、服从丈夫，视丈夫为“天”，凡事都要敬重；夫死从子，丈夫死后，“从子”就是“从夫”的延伸，她不但要守节不嫁，还要抚养儿子成人，对成为一家之长的儿子要遵从，大事由儿子做主。四德：“妇德”的核心是“贞顺”，即坚守节操，对丈夫忠诚，对所有族人要谦恭有礼；“妇言”是对妇女在言辞方面的规定，要求善于应对，说话得体，有一定的智慧和修养;“妇容”要求妇女质朴端庄，按时沐浴，服饰整洁，遇乱要从容镇定，居丧要悲哀有节等；“妇功”指纺织、刺绣、缝纫等事。概括来说，“三从”的教戒劝誉、“四德”的提倡培训和“七出”条规的威吓惩罚交互作用，逐渐规训出儒家文化影响下的传统妇女之“美德”。随着时代变迁，父权对妇女的控制逐渐让位于夫权，夫家的利益更加重要，对妇女的种种规范愈加烦琐详细。

第二章

# 古代哲学流派及人物

# 儒　学

儒学，是中国古代最有影响的学术传统。“儒”最初泛指一切“术士”，据《说文解字》：“儒，柔也。术士之称。”大概因为“术士”不像武士那样孔武有力，表现出一种文弱迂缓的神气，故被人统称为“儒”。孔子博学多艺，而且温良恭俭让，算得上是典型的“儒者”。但孔子并未自称为“儒”或“儒家”。据郭沫若考证，在孔子时代，“儒”并非尊称，恰恰相反，“儒”是墨家对孔门的鄙称，后来相沿成俗，就成了孔门的学名。也有人认为，“儒”在孔子时代指一种以宗教为生的职业，因孔子熟悉治丧、祭神等各种宗教礼仪，故被人称为“儒”。总之，“儒”或“儒家”最初并不是孔门的自称，而是别人取的名号。

儒家之学就是儒学，和儒教既有联系，又有区别，正如道家和道教一样，不能完全画等号。简单地说，儒教是历代王朝尊奉的国家宗教，而儒学则是在儒教基础上发展起来的一个学术传统。

儒学有一套固有的价值系统。孟子曾经概括为“五伦”：“父子有亲，君臣有义，夫妇有别，长幼有序，朋友有信。”汉代儒家将其概括为“三纲五常”：君臣、父子、夫妇和仁、义、礼、智、信。现代学者将其概括为伦理本位主义。历代的儒家之学就是围绕这一中心展开的。

儒家注重社会和人事，以修身、齐家、治国、平天下为人生追求，富有入世精神，主张经世致用。直到“新文化运动”后，儒家才逐渐退出政治舞台和社会生活，而成为纯学术研究的对象。

作为一种学术文化传统，儒家在其两千多年的发展中，随时代变化而形成了众多的流派与学派，如通常所说的先秦儒学、汉唐经学、宋明理学等，而其中又门户林立，令人叹为观止。因此，要想简明扼要地描述历代儒家所提供的思想智慧是非常困难的。但有一点却可以肯定，儒家所信奉的价值观念及其所提供的思想智慧，虽然是封建时代的产物，但其中仍有许多是值得继承的华夏民族的文化精华，故“孔家店”始终打而不倒。

## 理　学

理学，是北宋以后出现的儒学思潮，故又有“新儒学”之称。原始儒学在西汉经过董仲舒等经学家的改造并受到统治者的提倡后，成为社会普遍认同的价值观念。唐太宗时，中央政府正式确立文官考试制度，分科取士，把儒教经典定为科举考试的主要项目，将汉武帝“独尊儒术”的政策演变为一种国家制度。汉、唐是中国古代的盛世，儒学在此时期也达到鼎盛，并传到朝鲜、日本、越南等东亚、东南亚国家。

但是，随着佛、道二教的兴起，汉、唐儒学的局限性也越来越明显。首先，汉、唐儒家多讲究“经世之学”，而缺少佛、道二教那样对人心、人性的关注，尤其缺少超越现实的终极关怀，以致许多士大夫都纷纷到佛、道二教中去寻找精神家园；其次，汉、唐儒家多将阐释经典当成学问来做，对名物典章的考释不厌其烦，形成了极为烦琐的注疏之学，唐代又以这种烦琐的注疏之学来作为科举考试的标准，学者皓首穷经，目的是为了猎取功名，对人生没有多大帮助。到了北宋，受时代影响，在儒家学者中逐渐兴起了一种思潮，欲冲破汉、唐儒学的藩篱，与佛、道二教争天下。儒家学者开始抛开烦琐的注疏之学，以直截了当的形式来阐释经典中的义理，讨论人性、人心、天命、理气、道器、义利、体用、知行、动静等形而上的哲学问题，故有“理学”之名。

实际上，理学不是一个流派，而是一种时代思潮，是宋代以后新儒学的统称，如周敦颐的“濂学”、邵雍的“象数学”、二程的“洛学”、张载的“关学”、朱熹的“闽学”、陆王的“心学”……凡是以“理”为中心范畴、以讨论天道性命为中心话题的儒家哲学，都属于“理学”。

理学实际上是儒学的自我改造和自我调整，其宗旨在将传统儒学从科举功名的束缚中解放出来，并以新的姿态迎接佛、道二教的挑战。理学以儒学精神为本，吸收佛、道二教的思维模式，思索有关社会、人生、自然及其相互关系等一系列形而上的问题，尤其对人心和人性进行了空前深入的发掘，扩展了儒学发展的新天地。其中以“程朱理学”与“陆王心学”最有影响，这两家的消长便构成了宋、元、明、清儒学发展的主线。

由于宋、元、明时代的中国是东亚文化的中心，因此理学实际上也是一种国际思潮，如在日本的江户幕府时代（相当于明代后期），既有作为官学的朱子学，也有作为私学的阳明学，与同时期中国的思想界相仿。现代学者认为，宋明理学使儒学从中国文化的主流变成东亚文化的主流，而现代新儒家则声称，他们的哲学就是接着宋明理学写下来的。

## 心 学

心学，是宋明理学的一派。心学也是宋代以后非常有影响的儒学思潮，其特点是强调“人心”的作用，故称“心学”，其主要代表人物是南宋的陆九渊和明代的王守仁，故又称“陆王心学”。

心学也讨论理气、道器、知行、义利等形而上的哲学问题，鄙视汉、唐的注疏之学，但程朱的“理”是一个客观的存在，而陆王的“理”却存在于“人心”之中，用陆九渊的话说：“心即理。”又说：“圣人之学，心学也。”王守仁说：“心外无物，心外无事，心外无理，心外无义，心外无善。”心就是宇宙万物的本原，陆九渊曾就心与宇宙的关系概括为一句简单明了的格言：“宇宙便是吾心，吾心即是宇宙。”“万物森然于方寸之间。”用西方哲学的术语说，“陆王心学”是典型的唯心主义，但其兴趣并不是探讨思维与存在的关系，而是人心的价值，即探讨人在世界上安身立命的根本。这个问题实际上是中国传统哲学的基本命题，“陆王心学”只是采取了不同的切入点。

“陆王心学”是作为“程朱理学”的反对派出现的，二者的分歧主要在于成圣成贤的途径。朱熹曾经就这一问题特地到江西鹅湖寺和陆九渊进行过面对面的讨论，这就是著名的“鹅湖之会”。朱熹主张“穷理”，就是要多读书，多观察外物，在此基础上才能发明本心，达到对圣贤道德的知识和自觉；陆九渊却主张“明心”，就是首先发明人的本心，然后读书：“学苟知本，六经皆我注脚。”知本就是知心。他甚至认为，读书和做人并无关系，他反驳朱熹说：“尧、舜曾读何书来？”他反对将儒家圣贤之学当成学问来做，声称：“若某则不识一个字，亦须还我堂堂地做个人。”这种主张是一种“反智论”，很明显有老庄和禅宗的影子，故朱熹及其后学讥陆氏心学为“空门”，为“狂禅”。

元明时代，由于“程朱理学”被尊为官方哲学，故“陆氏心学”一度销声匿迹，直到明代中期，王守仁重振旗鼓，心学作为在野的儒学思潮，再次席卷思想界，对“程朱理学”的僵死教条及其泛道德主义产生了巨大冲击，形成了明朝中后期的个性解放思潮，如李贽的“童心”说、汤显祖的“情至”说、袁宏道的“性灵”说等，都是心学在文学上的回响。但是，“陆王心学”的反智主义却颇受清儒的非议，被斥为“空疏无用”之学，他们甚至将明朝亡国的责任也算在心学的账上。

## 道　家

道家是古代最有影响的哲学学派，创始人是春秋时代的老聃，世称老子。他以“道”和“德”作为核心范畴，并著《道德经》五千言，故有“道家”之称。

老聃的道家哲学并非形而上的思辨，而是帝王的政治哲学。《汉书·艺文志》说："道家者流，盖出于史官，历记成败存亡祸福古今之道，然后知秉要执本，清虚以自守，卑弱以自持，此君人南面之术也。"故书中所言"圣人""上德""上仁""上义""善为道者"等，皆指"侯王"。如所谓"知其雄，守其雌，为天下谿""天下之至柔，驰骋天下之至坚""知足不辱，知止不殆""挫其锐，解其纷，和其光，同其尘""其政闷闷，其民淳淳；其政察察，其民缺缺""治大国若烹小鲜""小国寡民"，等等，说的都是帝王之术，而非人生哲学。其中"将欲歙之，必固张之；将欲弱之，必固强之；将欲废之，必固兴之；将欲取之，必固与之"一段，就是后代帝王惯用的"欲擒故纵"的"阴谋术"。老聃的深刻之处，在于他试图从哲学的高度来自圆其说，于是发明了"道"这一形而上的概念。"道"是宇宙万物发展变化的总名，类似现代的"自然规律"。老聃认为，宇宙万物包括人类社会，都有其自然的规律，聪明的侯王"若能守之，万物将自化"。

老聃的政治学和哲学思辨吸引了众多学者，在"百家争鸣"的战国时代，便形成了所谓道家学派。老聃之后，道家主要沿两条路线继续发展，一条是"无为主义"的政治学，这就是盛行于战国和西汉初期的黄老之学；另一条是"任自然"的人生哲学，这就是对后代产生深远影响的老庄学派。从学术影响的角度讲，老庄一派是道家的正宗，说到道家，人们首先会想到老庄。但是，庄周和老聃的切入点是不同的，《老子》一书是政治哲学，其主题是帝王之术；《庄子》一书则是人生哲学，其主题是"反异化"。庄周从老子那里得到"自然"的启示，由此来反观实际人生，觉得人类的一切碌碌追求，都是以牺牲人的天性为代价的，完全与“自然”之道背道而驰。庄周嘲笑儒家的“圣贤”和“仁义”，而以“真人”作为人生的最高境界，将生死、寿命、善恶、是非、贫富、荣辱、穷达等世俗问题置之度外，物我两忘，“独与天地精神往来”。道家的这种人生态度被人称为“出世”或虚无主义，与儒家的“入世”形成鲜明对比。事实上，人生总是有得意和失意的时候，因此，千百年来，传统士大夫多出入进退在儒道之间，达则以儒家“兼济天下”，穷则以道家“独善其身”。

## 玄　学

玄学，又称“新道家”，是对《老子》、《庄子》和《周易》的研究和解说，产生于魏晋，是魏晋时期的主要哲学思潮，是道家和儒家融合而出现的一种哲学、文化思潮。

东汉末年至两晋时期的两百多年适逢乱世。随着东汉大一统王朝的分崩离析，统治思想界近四百年的儒家之学也开始失去魅力。士大夫对两汉经学的烦琐学风、谶纬神学的怪诞浅薄，以及“三纲五常”的陈词滥调普遍感到厌倦，于是转而寻找新的“安身立命”之地，醉心于形而上的哲学论辩。这种论辩犹如后代的沙龙，风雅名士聚在一起，谈论玄道，剖析妙理，当时人称之为“清谈”或“玄谈”。据清代学者赵翼在《廿二史札记》中所说，清谈之风始于魏齐王曹芳正始年间，源起于何晏、王弼等人。何、王都是当时的贵族名士，影响所及，便成一代风气。清谈名士有一种时髦，就是一边潇洒地挥着麈尾（麈：类似鹿的动物，其尾可用做拂尘），一边侃侃而谈，故后来有“挥麈而谈”这句成语。清谈的话题大都围绕着《老子》、《庄子》和《周易》展开，而这三部经典因其玄妙深奥、匪夷所思，便被清谈家称为“三玄”，“玄学”之名就由此而来。

但“三玄”不过是个话题，清谈的内容主要涉及有与无、生与死、性与情、形与神、动与静、名教与自然、圣人有情或无情、声有无哀乐、言能否尽意等形而上的问题。在正统士大夫看来，此类清谈都与国计民生无关，因此就有“清谈误国”之类的说法，甚至将亡国之祸都归咎于玄学家的清谈之风。其实，玄学是当时一批知识精英跳出传统的思维模式（修齐治平），对宇宙、社会和人生所做的哲学反思，以在正统的儒家信仰发生严重危机后，为士大夫重新寻找精神上的“安身立命”之地。正是由于这种反思，才有了魏晋时代人性的自觉和个性的解放。当时以玄学名家著称的王弼、何晏、嵇康、阮籍、向秀、裴頠、郭象等，不管唯心也罢，唯物也罢，都是当时第一流的学者和哲学家。何晏的《论语集解》、王弼的《老子注》和《周易注》、郭象的《庄子注》，直到今天，仍是被学界视为权威的注本。

魏晋之间在玄言清谈影响下所形成的放达人生和洒脱风气，千百年来仍自有其魅力。东晋以后，随着玄学与佛学趋于合流，作为一种时代思潮的玄学从此渐归沉寂。

# 墨　家

先秦学派之一。创始人为墨翟。墨翟，世称墨子，“墨家”的名称由此而来。墨家是当时唯一一个组织严密和宗旨鲜明的学派。《淮南子·泰族训》曰：“墨子服役者百八十人”，并且在墨子死后他们一直存在，直到墨家衰亡。墨家的首领称“巨子”，下代巨子由上代巨子选拔贤者担任，代代相传。墨门子弟必须听命于巨子，为实施墨家的思想主张舍身行道。

在墨子的主张中，“兼爱”“非攻”“尚贤”“尚同”属其核心。他反对诸侯的战争和贵族的淫乐，因此他的主张充满强烈的平等色彩。也因这样的主张，墨家与儒家有很多观点是对立的，如墨家热衷的鬼神之说、兼爱等主张，儒家都很不以为然。两家学派也因此一直是对立的。对于自家的主张，墨子制订了一套具体而又切合实际的实施计划。墨家弟子依能力而分工，“能谈辩者谈辩，能说书者说书，能从事者从事，然后义成也”。其训练的目标，是要求弟子必去心中六种怪癖的情绪，做到“默者思，言则诲，动则事，使三者代御，必为圣人，必去喜、去怒、去乐、去悲、去爱，而用仁义。手足口鼻耳，从事于义”，最终达到“爱无差等（即兼爱）”的境界。墨家纪律严明，不徇私情，就连巨子本人也不例外。《吕氏春秋·去私篇》曾载：“墨者有巨子腹，居秦，其子杀人。惠王曰：‘先生年长矣，非有他子也，寡人已令吏弗诛矣。……’腹对曰：‘墨者之法曰，“杀人者死，伤人者刑”，王虽为之赐，腹不可不行墨者之法。’遂杀其子。”墨家组织十分严密，《墨子·公输篇》载，墨子为止楚攻宋，派禽滑厘等三百人，持墨子守圉之器，在宋城以待楚寇。在先秦时期，能如此守御，其组织的严密性可见一斑。

墨家子弟除了要学习墨家学说外，还必须亲身实践。为了实现“非攻”，墨家子弟时刻准备着投入到守御的任务当中，具有崇高的牺牲精神。如巨子孟胜“善荆之阳城君，阳城君令守于国。……荆王薨，群臣攻吴起，兵于丧所，阳城君与焉。荆罪之，阳城君走。荆收其国”。孟胜“属钜子于宋之田襄子”而死之。弟子徐弱之徒“死之者百八十三人”。孟胜死之前言必死的原因：“不死，自今以来，求严师必不于墨者矣，求贤友必不于墨者矣，求良臣必不于墨者矣。死之，所以行墨者之义而继其业者也。”为“义”而亡，墨家的悲壮令人动容。

墨学在秦朝之后逐渐淡出历史舞台，成了绝学。部分弟子就此进入“游侠”的行列。“墨子之门多勇士”一说似亦由此而来。

对墨家的研究，相对来说一直都很少。清代中期以后，墨学才迎来了中兴。墨家后学曾将该派的著作汇编为《墨子》一书，但在此后的近两千年时间里，几乎一直无人问津。到了近代，有学者开始认真解读这部古书，发现其间别有洞天，里面甚至有讨论几何学、光学、力学等自然科学的内容。由此可知，早在两千多年前，墨家已对自然科学产生了浓厚的兴趣，并且进行过系统的研究。

# 名 家

先秦学派之一。汉代学者所说的“六家”之一，又称“辩者”。《汉书·艺文志》引为“九流”（指儒家、道家、阴阳家、法家、名家、墨家、纵横家、杂家、农家）之一，代表人物是惠施和公孙龙。这一学派的代表作有《邓析》《公孙龙子》《惠子》等。除《公孙龙子》外，其他原著失佚。名家以“名”“实”的关系作为研究对象，以善辩、致力于辩论中的逻辑问题著称。在名家内部，亦有因观点不同形成的若干派别，如“合同异”派（以惠施为代表）及“离坚白”派（以公孙龙为代表）等。这些派系的差异、不足显而易见，但他们的学术活动对中国古代逻辑学和认识论的发展做出了一定的贡献。

惠施，宋国人。在魏国做过相国，主张联合齐、楚，尊齐为王，以减轻齐对魏的压力；为魏国制定过法律。公元前322年，魏国改用张仪为相，惠施被驱逐到楚国，楚国又把其送到宋国。公元前319年，由于各国的支持，魏国改用公孙衍为相国，张仪离去，惠施又重回到魏国。作为“合同异”派的代表人物，惠施认为事物间的差异只具有相对的意义。他把事物间的普遍联系和同一性绝对化，否定差异的界限。惠施的著作已经失传，仅在《庄子·天下篇》中存有十个命题。

公孙龙，相传字子秉，赵国人，其生平事迹已经无从得知。《史记·平原君虞卿列传》言“平原君厚待公孙龙”，由此可知，他可能在平原君门下做过门客。公孙龙擅长辩论，《公孙龙子·迹府》说，公孙龙与孔穿在平原君家相会，谈辩公孙龙的“白马非马”。晚年，齐使邹衍过赵，平原君使之与公孙龙论“白马非马”之说。公孙龙由是遂诎，后不知所终。公孙龙是“离坚白”派的代表人物。他注意到了事物“名”“实”之间的差异。该派认为事物是互相独立而不同的，即使同一事物中的各种属性也可以区别看待。这种观点否定事物、概念间的相互联系，抹杀事物、概念间的同一性。其著名论题“白马非马”和“坚白石工”即为典型，代表了其把事物、概念间的差别绝对化的倾向。公孙龙的主要思想保存在《公孙龙子》一书中。

## 阴阳家

先秦学派之一，被划归“九流”，西汉司马谈《论六家要旨》列其为六大学派之首。“阴阳”的概念最早见于《易经》，“五行”的概念则最早见于《尚书》。两种观念的产生，都可以追溯到更久远的年代。进入战国后，阴阳、五行渐渐合流，形成了以“阴阳消息，五行转移”为理论基础的宇宙观。阴阳家以阴阳五行为思想基础，所以被称为“阴阳家”，也称“阴阳五行学派”或“阴阳五行家”，代表人物主要有公孙发、南公、邹衍等，其中以邹衍最为著名。

那么何谓阴阳、五行呢？简而言之，阴阳是古人对宇宙万物相辅相成的性质的一种抽象概括，是宇宙对立统一及思维法则的哲学范畴：阴阳学说建立在气说的基础上，认为天地、日月、昼夜、晴明、水火等运动变化都存在一分二的结果；阴阳是抽象的概念，不是具体的事物，“阴阳者，有名无形”，换言之，阴代表消极、退守的特性和具有这些特性的事物或现象，阳代表积极、刚强的特性和具有这些特性的事物或现象。阴阳学说基本可概括为：对立，互根，消长，转化。至于五行，《尚书·洪范》云：“五行：一曰水，二曰火，三曰木，四曰金，五曰土。”古人认为，宇宙万物就是由这五种基本物质构成。“五行”也是关于宇宙社会属性及其变化规律的哲学范畴。行，即“运行”之意，故五行中含有变动运转的观念，也就是“相生相克”。

阴阳家的思想可以概括为：在自然观上，利用《周易》的阴阳观念，提出宇宙演化论；依据《尚书·禹贡》的“九州划分”理论，提出“大九州”说；在历史观上，把《尚书·洪范》的五行观改造为“五德终始”说（“五德”指五行的属性，即土德、木德、金德、水德、火德。阴阳家认为，宇宙万物与五行相对应，各具其德。天道的运行、人世的变迁、王朝的更迭等，都是“五德转移”的结果），旨在为当时的社会变革给予理论依据；在政治伦理上，赞成儒家仁义学说，“止乎仁义节俭，君臣上下六亲之施”。另外，阴阳家的思想中还包含了若干天文、历法、气象和地理学等具有一定科学价值的知识。“阴阳五行说”曾盛极一时。汉初时，阴阳家还存在，到了武帝“罢黜百家”后，一部分内容融入儒家思想体系，其余内容则为原始道教所吸收，作为独立学派的阴阳家便不复存在了。

阴阳家的著作主要有：《公梼生终始》14篇，《公孙发》22篇，

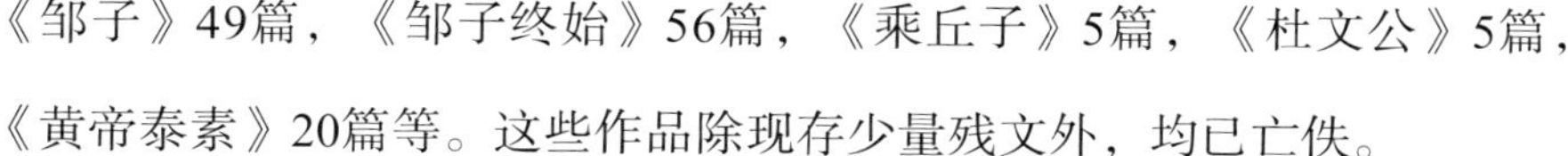

《邹子》49篇，《邹子终始》56篇，《乘丘子》5篇，《杜文公》5篇，《黄帝泰素》20篇等。这些作品除现存少量残文外，均已亡佚。

## 纵横家

先秦学派之一，以从事政治外交活动为主，《汉书·艺文志》列其为“九流”之一。《韩非子》云：“纵者，合众弱以攻一强也；而衡（横）者，事一强以攻众弱也。”解释了何谓“纵”“横”。一般来说，纵横家朝秦暮楚，事无定主，设策划谋多从主观的政治需求出发。合纵派的主要代表是苏秦，连横派的主要代表为张仪。纵横家之祖为鬼谷子，战国时人，因隐于鬼谷而得名。

纵横家出现于战国至秦汉之际，他们的出现主要是因为当时割据纷争，王权不能稳固统一。对于很多国家而言，利用联合、排斥、威逼、利诱之法不战而胜，或以较少的损失获得最大的收益，是最为迫切的需要；而纵横家的智谋、思想基本上是当时处理外交问题的最好办法。在游说的过程中，纵横家首先要对现实有明确的认识，确定合纵、连横的对象，然后知其诸侯为人而定说辞，其游说之法，或抑或扬，或抑扬相合，或先抑后扬，或先扬后抑，诸法只要对症必会有收效。其次，在游说过程中，须察言观色，相机而动。察其对己之关系，是同是非，同则继续，非则补遗，而后或以利诱，或以害说，探其实情，此为游说最主要的方法之一。最后，是以揣摩之术察其内心，然后快速做出决断。

纵横家皆为雄辩之士。他们中的大部分人出身微贱，却能以三寸之舌搅动整个战国底盘，重新布局谋篇。苏秦，为合纵之长，佩六国相印，联六国逼秦废弃帝位；张仪，雄才大略，以片言得楚地六百里；唐雎，智勇双全，直斥秦王存孟尝封地；蔺相如，虽非武将，但其浩然正气直逼秦王，完璧归赵之时，不曾使赵国受辱。纵横家人物，可谓中国五千年中最早、也最特殊的外交政治家，他们在当时的历史条件下所创造的智慧，是后世任何一个朝代都无法超越的。

纵横家的论著，今存《鬼谷子》12篇、《战国策》33篇（该书为纵横家的游说辞总集，几乎所有纵横家谋士的言论均记载在内），另有《苏子》31篇、《张子》10篇。这些著作言论无不精妙，有些已从单纯的外交领域走进了更广泛的社会生活，对今天人们做人做事仍有一定的借鉴意义。

## 法　家

先秦学派中最后出现的一派，主张以法治为核心。法家否定了世袭贵族天然传承的等级制度，认为“圣人苟可以彊（强）国，不法其故；苟可以利民，不循其礼”。法家人士在政治实践中，奖励生产和军事，毁弃诗书，继承并发扬了道家的朴素辩证唯物主义思想，主张以法治国。法家流派主要盛行于战国时的韩、魏、赵三国，早期的法家代表人物亦来自这三国：商鞅来自魏国，申不害来自韩国，慎到来自赵国。这三派中，商鞅重“法”；申不害重“术”，即政治权术；慎到重

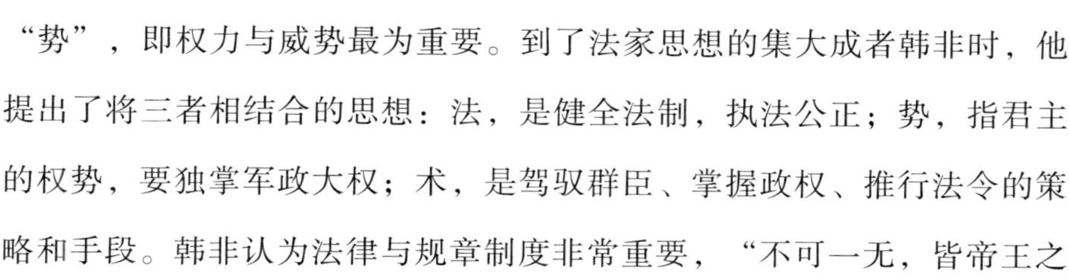

“势”，即权力与威势最为重要。到了法家思想的集大成者韩非时，他提出了将三者相结合的思想：法，是健全法制，执法公正；势，指君主的权势，要独掌军政大权；术，是驾驭群臣、掌握政权、推行法令的策略和手段。韩非认为法律与规章制度非常重要，“不可一无，皆帝王之具也”。

法家主张的“以法治国”，是很实用的思想。无论是处在战国“捐礼让而贵战争，弃仁义而用诈谲，苟以取强而已矣”的极端状况下，还是处在和平时代，这一主张都有用武之地。西汉之后，法家思想被儒家所取代，统治者独尊儒术，以“儒法并用”“儒表法里”的理论治理国家，独立的法家学派逐渐淡出历史舞台。

总的来说，法家是先秦诸子中对法律最为重视的一派。他们以主张“法治”而闻名，并提出了一整套理论和方法，为秦朝建立中央集权制度提供了重要的理论依据。法家在法理学方面有着不可磨灭的贡献，对于法律的起源、本质、作用及法律同社会经济、国家政权、伦理道德、风俗习惯、自然环境以及人口、人性的关系等问题都做了探索、思考，卓有成效。

当然，法家也有其不足的地方，比如过分夸大法律的作用，强调用重刑来治理国家，“以刑去刑”，而且对轻罪也实行重罚，过于迷信法律的作用。法家人士认为，人的本性都是追求利益的，没有什么道德标准可言，所以，往往以利益、荣誉来诱导人们。比如战争时，如果士兵立下战功就给予很高的赏赐，这在一定程度上确实激励了士兵的斗志。汉代及后来的封建统治者继承了秦的集权体制以及法律体制，这就是我国古代封建社会的政治与法制主体。有一点需要注意的是，法家思想和我们今天提倡的法治有根本的区别。

## 兵　家

兵家主张运用武力、通过战争来达到统一国家的目的。创始人是孙武。兵家又分为兵权谋家、兵形势家、兵阴阳家和兵技巧家四类。

兵家主要代表人物：春秋末有孙武、司马穰苴；战国有孙膑、吴起、尉缭、魏无忌、白起等；汉初有张良、韩信等。今存兵家著作有《黄帝阴符经》《六韬》《三略》《孙子兵法》《司马法》《孙膑兵法》《吴子》《尉缭子》《将苑》《百战奇略》《唐太宗李卫公问对》等。各家学说虽有异同，然而其中包含丰富的朴素唯物论与辩证法因素。兵家的实践活动与理论，影响当时及后世甚大，为我国古代宝贵的军事思想遗产。

## 孔　子

孔子（公元前551—公元前479年），儒家学派的创始人，名丘，字仲尼。儒家学派并非纯粹的哲学流派，孔子也非纯粹的哲学家。事实上，孔子不是老庄那样喜欢神游八表的智者，并不擅长形而上的抽象思维。据《论语》记载，他喜欢谈论的大都是关于礼乐、伦理、社会、人生等方面的实际问题，对政治问题尤其热心。子贡曾说："夫子之文章，可得而闻也；夫子之言性与天道，不可得而闻也。"

性与天道，是后代儒家津津乐道的哲学话题，孔子却不喜欢谈。现代哲学史家费了许多笔墨来阐释孔子的哲学范畴，厘清孔子的哲学思想，却让读者对"哲学"这一学科本身都弄不清是怎么回事，如"仁"究竟是伦理范畴，还是哲学范畴？"正名"究竟是政治问题，还是哲学命题？总之，是不是什么问题都可以归结为"哲学"？孔子虽然说过"敬鬼神而远之""未能事人，焉能事鬼"一类的话，同时也说过"畏天命""不知命，无以为君子"一类的话，他是无神论，还是有神论？事实上，要从只言片语来分析出一个古代圣贤的哲学思想是非常困难的。

孔子虽然并没有提供系统和深刻的哲学思想，但孔子的思维模式对中国哲学的影响却是非常深远的。后代儒家哲学，如程朱理学、陆王心学，以及清代的公羊学，尽管形形色色，但都与人生、伦理、政治这些问题息息相关，都不太喜欢作过分抽象的思辨。中国哲学的这种风格，是孔子开创的。

## 老　子

老子（生卒年不详），道家学派的创始人。老子是楚国苦县人（一说今河南鹿邑，一说今安徽涡阳），曾在东周王室为官，管理国家藏书。

传说孔子曾专门来到东周，向老子问礼。老子并没有直接回答孔子的问题，而是说："先生所谈论的问题，都是些古人古事，其人与骨都已经朽腐，只有他们所说的话还记在古书中。君子得时则行，如果生不逢时，就随波逐流。我听说，善于做生意的人隐其宝货，不让人见；德行圆满的君子恭敬谦退，貌似愚鲁。先生有骄气，心中多欲，这对先生都没有益处，应当除去。我想告诉先生的，就是这些。"这番话令孔子大为感叹，认为老子像龙一样，高深莫测。

据《史记》的说法，老子见周室气数已衰，乱象已现，就辞官归隐。过函谷关时，他被关令尹喜挽留，非要他将生平所学写成书，才予放行。老子无奈，只好写了五千多字交差。出关后，再也没有人知道他的下落。这五千多字就是后来被道家和道教奉为经典的《道德经》。不过老子所谓的"道德"，指自然之道和万物之性，并非指人伦规范的道德。据《列仙传》记载，关令尹喜也是学道之人。一天，他望见有紫气浮关，料想定有真人路过，果真见老子骑着青牛迤逦而来，于是请求老子留下真言，老子就写了《道德经》五千言。后来，道教又编出"老子化胡"的故事，说是老子西出关后，到天竺（古印度）教化夷狄，连佛祖释迦牟尼都是其弟子。这当然是无稽之谈。

老子和孔子代表着中国文化中的两种不同的精神，即哲学智慧和道德情怀。用传统术语来说，孔子是"仁者"，老子则是"智者"，他的五千言给后人留下了无穷的启示。有趣的是，老子的《道德经》的主题是讨论"南面之术"（统治术），不是形而上的玄学思辨，但后人却将他视为中国第一位哲学家；他是最早的无神论者，却被后人尊为道教始祖，甚至变成了神仙，号"太上老君"。

# 庄　子

庄子（约公元前369—公元前286年），名周，道家学派的代表人物，与老子并称“老庄”。庄子的身世不详，据《史记》载，他曾做过蒙邑（今安徽省蒙城县漆园镇）的漆园吏。尽管后代文人常以“漆园吏”来代指庄子，但这究竟是个什么级别的官，漆园是地名还是漆树园，直到今天也没有人搞清楚。

庄子生于战国时代，与梁惠王、齐宣王、孟轲是同时代人。关于他的传说很多，如说楚威王曾经想聘他出任宰相，特派使者带着厚礼前去请他。当时庄子正在河边钓鱼，他头也不回地说：“我听说楚国有神龟，死时已三千多岁。楚王用丝绸裹着它，珍藏在庙堂中。你说，站在这只龟的立场上，是宁愿生而曳尾泥涂之中，还是死后留骨被珍藏在庙堂之上？”使者回答说：“当然是生而曳尾泥涂之中。”庄子笑着说：“先生请回吧。我将曳尾泥涂之中。”

又传说，庄子妻子死，好友惠施前去吊丧，见庄子正坐在地上鼓盆而歌，惠施批评他太过分，他却说：“妻子刚死的时候，我何尝不悲痛？但我一想，人之初本来就无所谓生，岂止无生，连形和气都没有。不知什么时候，自然在混沌恍惚之中，变而有气，气变而有形，形变而有生，现在又变而至死。这不就像春夏秋冬的循环交替一样？我妻子现正安然卧息在天地之间，我如果在这里哇哇地哀哭，多么愚昧!”

尽管如此，庄子却并非深谙世故的老滑头，而是天真浪漫的赤子，自由驰骋在自己的想象世界中，“独与天地精神往来”，故“王公大人不能器之”。他终生穷困潦倒，但在精神上却非常充实，堪称名副其实的“精神贵族”。据载，庄子弥留之际，弟子准备厚葬。庄子说：“我以天地为棺材，日月为双璧，星辰为珠玑，万物为陪葬。我的葬品难道还不丰厚吗？为什么还要厚葬？”弟子说：“我们担心乌鸦吃掉你。”庄子说：“在地上被乌鸦吃，在地下被蝼蚁吃。你们何必这么偏心，非要把我从乌鸦口中夺过来，送给蝼蚁吃？”这些话貌似怪诞，实际上却蕴涵着对人生的大彻大悟。庄子人格的魅力，就在于他这种貌似怪诞的深刻及其赤诚。

## 董仲舒

董仲舒（一说公元前179—公元前104年，另一说约公元前194—公元前114年），是西汉的一位与时俱进的思想家、儒学家。他最大的成就是以儒家学说为基础，引入阴阳五行理论，建成新的思想体系，使其成为官方哲学。董仲舒在汉景帝时任博士，讲授《公羊春秋》。他把儒家的伦理思想概括为“三纲五常”。三纲就是“君为臣纲，父为子纲，夫为妻纲”，五常就是“仁、义、礼、智、信”。他认为“三纲五常”符合天意，如果为帝者认真实行，就一定能够得到上天的保佑，使自己的统治扩大到遥远的地方，使百姓享受安乐和幸福。他的思想都写在《春秋繁露》这本书中。

董仲舒明确地主张“大一统”的中央集权统治。所谓一统，就是一切统一于天子的专制统治。要达此目的，首先必须统一人们的思想，而统一思想的具体办法就是“罢黜百家，独尊儒术”。

董仲舒的建议得到汉武帝的采纳，从此以后，在学术和仕进上，儒家被定于一尊，统治中国达两千年之久。“独尊儒术”在最初起到了统一思想、统一舆论、稳定国家的作用，但后来却成为封建专制的重要组成部分，禁锢了中国古代思想的发展。

## 王　充

王充（27—104年），东汉哲学家，字仲任，会稽上虞（今浙江绍兴市上虞区）人。据王充自述，其祖籍原在魏郡元城（今河北大名），高祖因有战功，被封为侯爵，封地在会稽阳亭。但高祖很快便被削去爵位，沦为平民。祖父迁家上虞，“以农桑为业”“以贾贩为事”，故王充自谓出身“孤门细族”。

王充青年时代曾到洛阳太学就读，并拜班彪（班固之父）为师。王充记忆力惊人，据《后汉书·王充传》记载，他“家贫无书，常游洛阳书肆，阅所卖书，一见则能诵忆，遂博通众流百家之言”。

太学是东汉的最高学府，班彪是当时的著名学者，这对才华横溢的王充来说，自然是一个实现飞黄腾达的机会。但王充却未能飞黄腾达起来，只在郡上做过功曹一类的副官，大多在家教书。原因非常简单：他的思想不合时宜。当时正流行谶纬神学，连皇帝颁布的诏书，都要引用谶纬作为根据。谶纬的特点就是以“天人感应”为基本信仰，将儒家经学与宗教神学糅合起来，造出许多儒教新神话，如孔子是其母颜徵在梦中与“黑帝”交感而生，孔子是“前知千岁，后知万世”的通天教主，孔子定“六经”是为汉制法，等等。经学家好谈灾异祸福，上至朝廷，下至民间，整个社会都弥漫着妖妄的气氛。关键问题在于，人们并不以为妖妄，而是信以为真。

王充并没有随波逐流，他在家居时将自己的独立思考著成《论衡》一书，对谶纬神学及种种流行的虚妄不实之言进行了系统的驳斥，其言论之尖锐大胆，批判精神之强烈，在中国古代思想史上是极为罕见的。故现代哲学史家多将其誉为东汉思想界的“斗士”。

## 何　晏

何晏（190—249年），魏晋玄学的首倡者，字平叔，南阳宛县（今河南南阳）人。何晏出身贵族世家，其祖父系东汉大将军何进。何进是何皇后的兄弟，因与袁绍谋诛宦官，事泄被杀。何晏幼年时，父亲去世了，其母亲尹氏再嫁曹操，他也为曹操收养。

何晏长在王侯之家，少年时就以才秀貌美知名，有“傅粉何郎”之称。《三国志》注引《魏略》称："晏性自喜，动静粉白不去手，行步顾影。"曹操虽为继父，却非常宠爱他。这令太子曹丕都感到嫉妒，每不呼晏姓字，而称其为"假子"。何晏后娶曹操女金乡公主为妻，加上本人才华横溢，故颇自负。据《魏氏春秋》记载，何晏同夏侯玄、司马师（司马懿长子）名盛一时，何晏曾说："深，才能通天下之志，夏侯玄是也；几（善变），才能成天下之务，司马师是也；神，才能不疾而速，不行而至，我闻其语，未见其人。"他是想以"神"来比喻自己。

曹爽执政的正始年间，何晏被视为心腹，出任吏部尚书，主管官员的任用升迁。在此期间，他和王弼、夏侯玄等人一起，谈论《老子》《庄子》，剖析妙理，士大夫纷纷仿效，遂使玄学清谈成为一时风气。汉、魏之际，儒学虽然失去魅力，但毕竟还是正统，故他虽然崇奉《老子》《庄子》，却也不敢贬低儒学，而说老子、孔子同为圣人。在提倡"以无为本"的同时，他也竭力标榜孔子和《论语》，以《老子》《庄子》来阐释《论语》，援道入儒，留下了《论语集解》这部在经学史上占有重要地位的传世之作。

何晏是前期玄学的领袖，著有《道德论》来阐发其"贵无"的玄学宗旨。此书虽然已经失传，但其主要观点在《晋书·王衍传》中有所体现："魏正始中，何晏、王弼等祖述《老》《庄》，立论以为，天地万物皆以无为本。无也者，开物成务，无往而不存者也。阴阳恃以化身，万物恃以成形，贤者恃以成德，不肖恃以免身。"

何晏以朝廷重臣而崇尚玄远的清谈，寄情《老子》《庄子》，与当时的政局是分不开的。当时，司马氏集团和曹氏集团之间争权夺势的矛盾一触即发，何晏为曹操养子，又是曹家姻戚，自然与曹氏政权结下荣辱与共的关系。何晏预感到危机四伏，心怀忧惧，但又身不由己。有诗为证："鸿鹄比翼游，群飞戏太清。常恐夭网罗，忧祸一旦并。""愿为浮萍草，托身寄清池。且以乐今日，其后非所知。"

何晏的预感很快就应验了，正始十年（249年），老谋深算的司马懿采取突然袭击，将曹爽及其同党一网打尽，何晏自然不能幸免于难。

## 王　弼

王弼（226—249年），魏晋玄学的代表人物，字辅嗣，山阳（今河南焦作）人。王弼出生在豪门世家，其曾外祖父为荆州牧刘表，其父官至仆射。他从小受到良好的传统教育，是中国古代罕见的少年才子，虽只活了二十四岁，却在中国学术史上占有非常重要的地位。

王弼好学深思，《周易》和《老子》素称难解，王弼独具匠心，其《老子注》和《周易注》一出，就令当时学者叹服。何晏以才学自负，又身居吏部尚书的高位，但和王弼一夕谈后曾感叹："孔子称'后生可畏'，像这样的后生，我可以与他一起讨论天人之际的问题呀！"虽然何晏把王弼推荐给了大将军曹爽，却不为曹爽所重，因为王弼的才华在思辨，处理具体事务非其所长。

王弼在正始年间与何晏、夏侯玄等人交游，同开玄学清谈之风，被称为"正始之音"。他和何晏各有所长。据当时人说，论表达，王弼不如何晏，但论悟性，何晏却要让王弼一头。当时的名流如钟会、荀融、王济等人对王弼的悟性都非常佩服。但王弼却不善处世，恃才傲物，好与人辩，常以己之所长嘲笑对方，故为士人所嫉恨。

他和何晏都主张“以无为本”，认为“万物皆由道而生”，而“道”就是“无”。但何晏又主张“圣人无喜怒哀乐”，论述得非常精妙，当时颇为流行。王弼却认为：“圣人和凡人一样，也有五情，所不同者，圣人不为五情所累而已。”据民国学者刘汝霖《汉晋学术编年》记载，王弼著《老子注》时只有十七岁，著《周易注》时也不过二十出头，这两部书不但是魏晋玄学的代表作，而且在中国学术史上也占有非常重要的地位，至今仍被学界视为“老学”和“易学”的经典著作。

曹爽及其同党被司马集团击败后，王弼也被免官，同年秋天病亡。据说，司马师听到王弼的死讯后，曾嗟叹累日。

## 嵇　康

嵇康（224—263年），魏晋玄学的代表人物，字叔夜，原姓奚，祖籍会稽（今浙江绍兴），因避怨迁至谯国铚县（今安徽宿州西南）。

嵇康幼年丧父，由母亲和长兄抚养成人。他为人潇洒，“美词气，有风仪”，时人形容为“龙章凤姿”。他博学多才，尤喜《老子》《庄子》，曾自谓：“老子、庄周，吾之师也。”但他却不喜欢将《老子》《庄子》当作学问。向秀想注释《庄子》，他却说：“《庄子》的意思就是叫后人活得快乐，你去注释它，不正妨碍了作乐吗？”嵇康追求的是清静无为、逍遥自然的人生境界，所以，尽管他后来娶曹操的曾孙女长乐亭公主为妻，并拜中散大夫，却并不热衷政治，更不想介入曹氏和司马氏之间的矛盾。他醉心于道家的修炼，常一个人到山中采药，由于流连忘返，山中樵夫竟将他当作神。其余时间，他则弹琴咏诗，自得其乐。

嵇康寓居河内之山阳（今河南焦作市），阮籍、山涛、向秀、刘伶、阮咸、王戎等人慕名而来。由于他们常共游于其园宅外的竹林，时人号为“竹林七贤”。以嵇康为精神领袖的“竹林七贤”，是继何晏、王弼之后最有影响的玄学名士，以放达洒脱、不拘礼教知名于世。与许多清谈名士不同，嵇康与政治保持距离，不仅仅是避祸，也因生性酷好自由，不能忍受官场的束缚和应酬。山涛从吏部郎任上转他职，推荐嵇康自代，嵇康就写了那篇千古妙文《与山巨源绝交书》，表明自己的人生态度，甚至不惜说自己“每非汤、武而薄周、孔”。

嵇康有一个奇怪的爱好，喜欢打铁，经常和向秀共锻于园宅中的大柳树下。贵公子钟会想结交嵇康，专程前往，嵇康却不理不睬，继续打铁。钟会非常尴尬，正要灰溜溜地离开，嵇康却问：“何所闻而来，何所见而去？”钟会说：“闻所闻而来，见所见而去。”后来，嵇康的好友吕安被诬告下狱，牵连嵇康，嵇康也被逮捕。钟会便鼓动司马昭趁机杀掉嵇康。他说：“嵇康，卧龙也，不可起用。公不用担忧天下，却要仔细嵇康。”又说：“嵇康和吕安言论放荡，诽谤儒经，做帝王的人不该容忍他们。”司马昭便决定杀嵇康。在临刑前，有三千太学生集体请愿，要求赦免嵇康，却被拒绝。

嵇康虽然博学，善谈理，却不是何晏、王弼那样的著作家或学问家，而以其率真大胆的思想见长，如当时司马氏宣扬名教，他则主张“越名教而任自然”；正统士大夫鼓吹“六经为太阳，不学为长夜”，他则说：“六经未必为太阳，不学未必为长夜。”他身后虽只留下《养生论》《释私论》《难自然好学论》《声无哀乐论》等寥寥数篇谈玄析理的文章，但足以让他跻身于中国一流思想家之林。

## 周敦颐

周敦颐（1017—1073年），宋明理学的开山祖师，字茂叔，道州营道（今湖南道县）人。因晚年曾经在庐山莲花峰下建濂溪书堂讲学，故人称“濂溪先生”，并将其所创立的学派称为“濂学”。

周敦颐十五岁丧父，随母亲投靠在汴京做大官的舅父。他二十四岁时由荫恩获得官职，此后出入官场三十多年，但主要是在州县做官。周敦颐身在官场，但心在林泉，向往超凡脱俗的生活乐趣。他在著名的《爱莲说》中以菊花喻隐逸者，以牡丹喻富贵者，以莲花喻君子。他说：“予独爱莲之出淤泥而不染，濯清涟而不妖。”这正是他的自我写照。他想做的就是身在世俗、心在方外的“君子”。周敦颐并非假道学，而是真诚地追求着“孔颜乐处”。据程颐回忆，他和程颢少年时代曾奉父命，受学于周敦颐。两兄弟一听这位先生论道，“遂厌科举之业，慨然有求道之志”。诗人黄庭坚称其“胸中洒落，如光风霁月”。不过，一个人在哲学史上的地位并不由其人品或人格决定。周敦颐之所以被后代理学家尊为开山祖师，主要是因为他开辟了儒学发展的新思路。

他的两篇哲学论著《太极图说》和《通书》总共只有三千多字，却为后代理学家提供了丰富的思想材料，尤其是《太极图说》，被视为理学的思想宝藏。《太极图说》全文二百五十余字，是周敦颐对“太极图”所作的说明：“无极而太极。太极动而生阳，动极而静，静而生阴，静极复动。一动一静，互为其根；分阴分阳，两仪立焉。阳变阴合而生水、火、木、金、土。五气顺布，四时行焉。五行一阴阳也，阴阳一太极也；太极，本无极也……乾道成男，坤道成女。二气交感，化生万物。万物生生而变化无穷焉，惟人也得其秀而为灵。形既生矣，神发知矣，五性感动而善恶分，万事出矣。圣人定之以中正仁义而主静，立人极焉……”这种由“太极（无极）”一动一静而生阴阳，而生五行，而生万物的宇宙发生论，将传统儒学提高到形而上的哲学高度。其中，“无极而太极”“一动一静，互为其根”“中正仁义而主静”等，就是宋明理学的经典命题。只须将“太极”换成“理”或“天理”，就可以看出其与“程朱理学”是一脉相承的关系。

## 张　载

张载（1020—1077年），北宋哲学家，理学创始人之一，字子厚，生于官僚家庭，祖上是大梁人（现河南开封）。他小时候，父亲死于涪州官任上，于是侨居在现在的陕西省眉县横渠乡，这就是张载被人称为“横渠先生”的由来。张载是关学学派的创始人，关学是因他在关中地区讲学而形成的一个大的学派。比他稍晚的是程颢、程颐兄弟创立的洛学（二程因是洛阳人而得名），再就是理学的集大成者朱熹的闽学了。关学和洛学是理学的学派之一，也是朱熹思想的先驱。

张载少年时很喜欢读书，范仲淹建议他读《中庸》以及其他儒学典籍。读完《中庸》后，张载还觉得不满足，于是又大量地读了佛教和道教的书，但细心研读几年之后，他觉得还是没什么大进步，于是又回到儒家的经书上来。

北宋嘉祐二年（1057年），张载考中了进士，后来宋神宗授予他崇文院校书之职。他和王安石看法不一，在弟弟张戬因上书批评王安石而被贬官之后，张载担心受到牵连，干脆辞职回乡。他隐居在横渠读书，渐渐形成了自己的思想体系，同时广招学徒，形成了关学学派。

张载提出了以“气”为核心的宇宙结构说。他认为世界是由两部分构成的，一部分是看得见的万物，一部分是看不见的，而两部分都是由“气”组成的。“气”有两种存在方式，一种是凝聚，一种是消散。凝聚时就成为万物，通过光、色显现出形体，使人能看到；散则成为虚空，无光无色。但是，凝聚只是一种暂时的状态，所以叫“客”。而消散也不是消失得没有此物，只不过是人们的肉眼看不到而已。

他用“太虚”表示“气”的消散状态，这是本来的原始状态，“气”是“太虚”与万物的合称。

# 程　颐

程颐（1033—1107年），北宋哲学家，字正叔，洛阳人，因其居临伊川，故世称“伊川先生”。出生于官僚世家，曾与其兄程颢受学于周敦颐，并同为北宋理学中“洛学”一派的开创者，世称“二程”。程颐早年受周敦颐影响，厌弃功名，而以“寻孔颜乐处”为务，即追求一种“自得其乐”的圣贤境界。

“天理”是程氏兄弟论学的核心范畴，是超乎万事万物之上的“自然的道理”。程颐曾经说：“吾学虽有所授受，‘天理’二字，却是自家体贴出来。”我们很难用现代术语将“天理”的内涵准确表述出来，勉强地说，它类似道家的“道德”、佛家的“佛性”，是一个关于宇宙本体及其规律的范畴。事实上，程氏兄弟正是从佛、道二教那里受到启示，才从传统哲学中拈出“天理”二字来，并赋予其新的意义。他们试图将儒家伦理提升为人生哲学，试图将圣贤之道转化为道佛那样的“终极关怀”。

“二程”曾经提出并论证“仁者浑然与物同体”这一命题。他们主张“居敬穷理”，是为了达到天地万物与“我”浑然一体的精神境界，而不是探求宇宙人生之谜。程颐在中年以后，便因其“力学好古，安贫守节”的风范名扬四方，许多大臣争相推荐他出山，都被他婉拒。

一直到五十多岁时，年幼的宋哲宗即位，他才接受宰相司马光的推荐，出任崇政殿说书（皇帝的老师）。程颐生性严谨，难免拘谨，与生性豪放的苏轼同处一朝，便时时发生摩擦，最后发展为党争，史称“洛蜀党争”。“洛党”和“蜀党”在政治上都反对王安石变法，故后来新党重新执政后，他们都被列为“奸党”，遭到贬斥。程颐被削职为民，而且被送到涪州（今重庆市涪陵），交由地方官管制。宋徽宗即位后，他虽然恢复了自由，回到洛阳，但还是留着“奸党”的尾巴，不久即遭到朝臣的弹劾，说他借讲学著书“非毁朝政”。程颐只得遣散学生，藏其书稿，在孤独寂寞中度完了余年。他死后，大多数门人都不敢参加他的葬礼。

程颐的理学，在南宋时期得到朱熹的发扬光大，遂成为宋代理学中最有影响的一派，世称“程朱理学”。程颐以主张“去人欲，存天理”而著称，其身后毁誉也由此而起。他反对妇女再嫁，曾说“饿死事极小，失节事极大”，尤为现代人诟病。

## 朱　熹

朱熹（1130—1200年），宋代理学的集大成者，字元晦，一字仲晦，晚年自号晦庵，别号紫阳，徽州婺源（今江西婺源县）人。相传他的父亲朱松曾求人算命。卜者说：“富也只如此，贵也只如此，生个小孩儿，便是孔夫子。”此恐是后人附会，但朱熹学成大儒则是事实。

建阳近邻有个南剑州，是道学最初在南方的传播中心，朱熹十分热衷道学，与当地道学家交往甚密。这种环境对朱熹的一生有着深刻的影响。

朱熹受教于父，聪明过人。四岁时，其父指天说："这是天。"朱熹则问："天上有何物？"其父大惊。他勤于思考、学习长进，八岁便能读懂《孝经》，在书题字自勉曰："若不如此，便不成人。"

绍兴十八年（1148年），朱熹中进士，任泉州同安（今属福建）主簿，聚徒讲学，后来罢官。孝宗即位的时候，朱熹上书反对议和。隆兴元年（1163年），他被朝廷召见。朝廷虽然多次委任他各种官职，但因与执政者政见不合，他都没有上任。

淳熙五年（1178年），史浩再度为相，推荐朱熹任知南康军（治所在今江西星子县）。当时，他拜访了白鹿洞书院遗址，奏请修复旧观，定立学规，并在此讲学。淳熙八年（1181年），浙东大饥，朱熹被任命为提举浙东常平茶盐公事。次年，屡次上书弹劾台州太守唐仲友违法扰民，唐仲友为宰相王淮姻亲，朱熹的奏章被扣压，因愤而辞归。淳熙十四年（1187年），周必大为相，朱熹任提点江西刑狱。次年，升兵部郎官，他以自己有足疾请求辞官。淳熙十六年（1189年），光宗即位，任其为江东转运副使，他又称自己有病要辞官，后改任漳州（今属福建）知州。绍熙二年（1191年），他辞归建阳，后任湖南安抚使，修复岳麓书院，扩建学堂，广纳四方游学之士。宁宗庆元元年（1195年），为焕章阁侍制、侍讲，因得罪韩侂胄而被罢免。次年，监察御史史继祖劾其伪学欺人，革职罢官，归建阳讲学著述而终。

朱熹研究领域很广，在哲学、经学、教育、音韵、文学、地理、考古、自然科学等方面都有伟大贡献，其思想体系在中国思想史上是以

“致广大，尽精微，综罗百代”著称，与程颢、程颐共创的理学，史称“程朱理学”，为继孔子之后在中国思想界影响七八百年之久的正统官方哲学，远涉海外，影响世界；重视教育，创办书院，所撰《白鹿洞书院揭示》对后代教育事业影响深远；著述巨丰，其中《四书集注》是明清两代科举考试的“圣典”。

他常以“新安朱熹”署名著述，讲学于徽州，从其弟子者众。“朱子之学”也就构成了“新安理学”的开山之学，并进而构成徽州文化的理性内核。

## 陆九渊

陆九渊（1139—1193年），字子静，号存斋，南宋金溪县（今江西抚州市金溪县）人，心学创始人，曾讲学于象山（今江西贵溪县南），人称“象山先生”。

陆九渊在南宋乾道八年（1172年）中进士，历任靖安县主簿、崇安县主簿、台州崇道观主管、荆门军知军等职。他为官清廉、不喜空谈、务求实干，认为任贤、使能、赏功、罚罪是医国“四君子汤”。他治理荆门政绩显著，以致丞相周必大称赞荆门之政是陆九渊事事躬行的结果。

在哲学上，陆九渊提出“心即理”的命题，断言天理、人理、物理只在吾心中，心是唯一实在：“宇宙便是吾心，吾心即是宇宙”。他认为心即理是永恒不变的："千万世之前，有圣人出焉，同此心同此理也，千万世之后，有圣人出焉，同此心同此理也。"这就把心和理、心和封建伦理纲常等同起来。

淳熙三年（1176年），陆九渊在铅山鹅湖寺与朱熹对认识论展开了一场辩论，史称"鹅湖之会"，进一步阐发了他的"尊德性"和"发明本心"的"心即理"的先验论。他的学说，经明代王守仁继承、发扬，成为宋明理学的一个重要派别，影响极大。

陆九渊还热心于讲学授徒，大力发展教育事业，"每天讲席，学者辐辏，户外履满，耆老扶杖观听"，故其弟子遍布于江西、浙江两地。他在长期的讲学实践中，还形成了一套独特的教育思想理论。

他认为教育对人的发展具有存心、养心、求放心和去蒙蔽、明天理的作用。他主张学以致用，其目的是培养出具有强烈社会责任感的人才，以挽救南宋王朝衰败的命运。在教育内容上，他把封建伦理纲常和一般的知识、技能、技巧，归纳为道、艺两大部分，主张以道为主，以艺为辅，认为只有通过对道的深入体会，才能达到做一个堂堂正正的人的目的。因此，要求人们在"心"上做功夫，以发现人心中的良知良能，体认封建伦理纲常。后人将他所著所讲编为《象山全集》。

## 王守仁

王守仁（1472—1529年），心学的集大成者，字伯安，余姚（今浙江余姚市）人。因其曾筑室于故乡阳明洞中，故世称“阳明先生”。他与心学创始人陆九渊并称“陆王”，故“陆王之学”也就是“心学”。

王守仁出生于明代中期的一个官宦之家，父亲曾出任南京吏部尚书。王守仁的少年时代，正值“程朱理学”一统天下的时期，他也深受影响，立下了“读书学圣贤”的志向。据说，他曾对朱熹佩服得五体投地，遍求朱熹遗书阅读，并按照朱熹“格物致知，即物穷理”的教诲，去“格”屋外的竹子。没想到他在竹林里苦思冥想了三天，竹子的道理没有“格”出来，反而大病一场。这一病，使他对程朱理学的圣贤之道产生了迷惑，甚至怀疑自己与圣贤是否有缘，于是转向词章之学，同时也留心武事，学习兵法。

弘治十二年（1499年），二十七岁的王守仁通过科举考试，获得进士资格，成为兵部的官员。三十四岁时，年少贪玩的武宗即位，宦官刘瑾专权，南京有几位官员联名上书皇帝，弹劾刘瑾，结果遭到逮捕、监禁。王守仁出于正义感上疏相救，结果被廷杖四十，贬谪到贵州荒僻的龙场驿去做驿丞（驿站站长）。龙场地处深山丛林，毒虫瘴气，比起北京，自然是天上地下，但王守仁并未消沉，远离政治旋涡倒给了他冷静思考的机会。就在贬谪贵州的五年之中，王守仁完成了从程朱理学到陆九渊心学的思想转变。据他后来回忆说，他在龙场“日夜端居澄默，以求静一”。有一天，他突然悟出了“格物致知”的真谛——原来“圣人之道，就在我心中，过去求理于外在事物中的做法是错误的”。他由此得出“心外无物”的结论。

王守仁曾同朋友到山中游览，朋友指着岩中花树问：“你说天下无心外之物，这些花树在深山自开自落，与我的心有何相关？”王守仁回答说："你未看此花时，此花与你同归沉寂；你来看此花时，则此花颜色一时明白起来，便知此花不在你的心外。"

正德五年（1510年），年届不惑的王守仁结束了贬谪生活，到江西任知县，数年间就被提升为南京鸿胪寺卿。在此期间，他开始著书立说，招收弟子，与"程朱理学"彻底分道扬镳。由于"程朱理学"是钦定的官学，王守仁不便公开宣称朱熹不对，就将朱熹文章中和自己主张相同的某些片段摘录出来，编成了一篇《朱子晚年定论》，意思是告诉读者，朱熹晚年也修正了自己早年的观点。这种偷梁换柱的手法无非为了给自己的异端思想争取合法地位。正德十一年（1516年），他奉朝廷之命，以都察院左佥都史（正四品）的身份，巡抚南赣、汀、漳等地，平定了当地民间的叛乱，并在各地兴办社学，实施儒家的道德教化。

正德十四年（1519年），宁王朱宸濠在南昌发动叛乱，全国震动，王守仁率军攻克南昌，生擒朱宸濠，被封为伯爵，并出任南京兵部尚书。由于他在政治上的地位，其学术影响也迅速扩大。

他继承宋代陆九渊的心学，提出"致良知"的思想，宣称这才是"孔门正法眼藏"，是"孔孟圣传一点骨血"。这个"良知"，就是孟子所说的"人皆有之"的"是非之心""不待虑而知，不待学而能"。而所谓"格物致知"，就是格去物欲而求得"良知"，这与朱熹"即物穷理"而获得知识的主张是完全不同的。他因此被正统儒家视为"病狂丧心之人"，"王学"也被斥为"伪学"。但王守仁的主张令人耳目一新，在当时的思想界刮起了"反传统"的旋风，促成了明代中后期的个性解放浪潮的产生。

# 李　贽

李贽（1527—1602年），是以反传统著称的思想家，号卓吾，泉州晋江（今属福建）人。因泉州古称温陵，故又自号“温陵居士”。李贽幼年家贫，跟随教书谋生的父亲识字读书，二十二岁考中秀才，二十六岁考中举人。大概因为家庭经济困难，他没有再寒窗苦读博取更高的功名，而是循例做了县儒学的教谕。后来，他又先后在北京和南京的国子监做过博士（教授），在礼部和刑部做过小官。这样在官场熬了二十多年，他终于混上了一个四品的知府，但地点却在荒僻的云南姚安。

李贽生活在明代后期，“程朱理学”虽然仍旧是钦定的官方哲学，但已经受到“陆王心学”的猛烈冲击，传统价值观念发生了信仰危机，个性解放思潮开始蓬勃兴起。李贽在中年后曾经拜“王学”左派——泰州学派的创始人王艮之子王襞为师，思想上深受“王学”影响。

五十三岁那年，李贽辞去姚安知府之职。但据《明史·耿定向传》载，其去职是因为他像和尚一样剃了个光头，上官“勒令解任”。他的这种举动，常人是难以理解的。他有位朋友耿定理在湖北黄安，也是“王学”信徒，便邀请李贽前往黄安。李贽遂携眷寄寓在耿家的“天窝书院”，“日引士人讲学，杂以妇女”，颇为引人注目。

两年后，耿定理死，李贽便将妻女送回福建老家，独自一人移居湖北麻城的龙湖，住在湖畔的芝佛院，自称“流寓客子”，潜心讲学著述。李贽痛恨“假道学”，公开以“异端”自居。他反对对孔子进行偶像崇拜，说《论语》不过是孔门弟子记忆师说、残缺不全的笔记，而孔子所言，不过如医生治病，随时处方，不可捧为“万世之至论”。他还宣称，中国两千年来“无真是非”，因为大家都以“孔子之是非为是非”。这种深刻、尖锐、大胆、透彻的批判精神，在中国历史上是空前的。李贽深知他的思想已经超过了传统社会所能容纳的程度，故他给自己的著作取名《焚书》（遭世焚弃的书）和《藏书》（藏之后世的书）。

万历二十九年（1601年），李贽寄寓的芝佛院被当地士绅怂恿人烧毁，并要驱逐他出境。这时，李贽已是七十五岁高龄的老人。他的好友马经纶闻讯，从通州赶来接他北上。李贽遂住通州马家。有一位官员给万历皇帝上奏，说通州距京城仅四十里，如果这位“狂诞不经”的“异端”进入都门，蛊惑人心，后果将不堪设想。于是，万历皇帝亲拟圣旨，将李贽严拿治罪，其书一律销毁，罪名是“敢倡乱道，惑世诬民”。可以想象，这样一位心高气傲、目空千古的思想家，面对狱卒的粗野凌辱，自尊心将会受到多么沉重的打击。次年，李贽便在狱中自杀。

李贽的思想在当时曾经影响过不少激进青年，如在晚明文坛以标榜“独抒性灵”著名的袁氏三兄弟。李贽之死给他们以很大的震动。袁中道在为李贽作传时就曾表示：“其人不能学者五，不愿学者三。”其中一条是：“公直气劲节，不为人屈；而吾辈怯弱，随人俯仰。”其实，李贽的难能可贵之处，不仅在他的勇气，更在他的深刻。他是中国历史

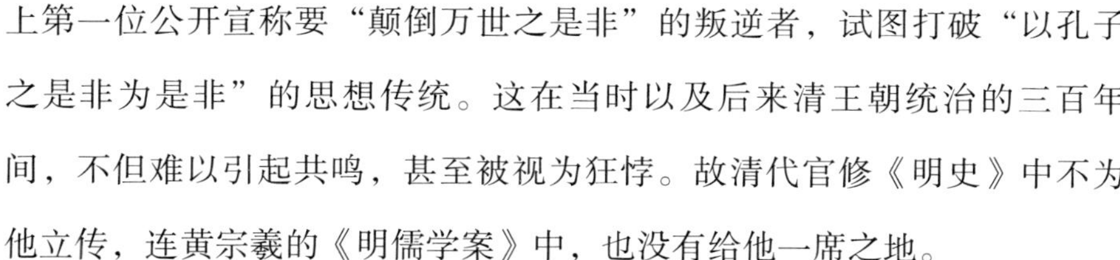

上第一位公开宣称要“颠倒万世之是非”的叛逆者，试图打破“以孔子之是非为是非”的思想传统。这在当时以及后来清王朝统治的三百年间，不但难以引起共鸣，甚至被视为狂悖。故清代官修《明史》中不为他立传，连黄宗羲的《明儒学案》中，也没有给他一席之地。

## 王夫之

王夫之（1619—1692年），明末清初思想家，字而农，号姜斋，湖南衡阳人。晚年隐居在衡阳之石船山，故学者称其为“船山先生”。他虽然不是生在富贵之家，但还是受到了良好的教育，加上他天资聪颖，很早就崭露头角。他二十四岁时中举，两年后明朝被推翻，科举之路断绝。

在明朝亡国的前一年，张献忠占领衡阳，礼聘王夫之入伙，遭到他严词拒绝。次年三月，即传来北京陷落的消息，随即清朝铁骑入关南下，王夫之的命运便彻底改变了。他先在家乡举兵抗清，战败军溃，在南明永历朝廷任职，后到桂林依附大学士瞿式耜，共谋抗清。不久，桂林陷落，瞿式耜殉难，眼看永历朝廷岌岌可危，恢复无望，王夫之决心隐遁，回到衡阳。当时清廷已下了“薙发令”，一些有气节的士大夫为了逃避迫害，便纷纷出家，王夫之的好友方以智就在江西做了和尚。他劝王夫之也出家以避风险，但王夫之不接受。他既不薙发，又不出家，只得伏处深山，藏身窑洞，以著述来排遣自己的“孤愤”，表达自己对宇宙、社会、政治、历史的新认识。他曾自题其居："六经责我开生面，七尺从天乞活埋。"借以表达情怀。

王夫之的思想是博大的，故曾有人以其为"杂家之流"。现代哲学史家誉其为古代唯物主义的集大成者，认为其主要贡献在于总结和发展了"气一元论"。他认为"尽天地之间无不是气，即无不是理也"，理在气中，气外无理，并用"絪蕴生化"的观点来阐释"气"变化日新的规律。王夫之以"阴阳"即矛盾的对立消长来阐释天地万物的变化，对"一分为二"和"合二而一"这两个宋、明以来儒家哲学的经典命题进行了深入探讨，并以此来说明矛盾发展变化的过程。在认识论方面，他主张"知行不相离"，"行"是检验"知"的标准。这些思想已经非常接近现代唯物主义和辩证法。

## 戴震

戴震（1723—1777年），以考据著称的乾嘉大师，字慎修，又字东原，徽州休宁（今属安徽）人，出身小商贩。戴震自幼聪明过人，"读书好深湛之思"。据段玉裁的《戴东原先生年谱》记载，戴震少年时跟塾师读《大学章句》时，便对朱熹所谓《大学》是"孔子之言而曾子述之"的说法表示怀疑，认为相隔两千多年，朱熹何以得知。这种怀疑精神后来就表现为"无征不信"的考据之学。

戴震博闻强记，对当时主要的学问如经学、小学、史学、天文、地理、数学、水利、工程等都有相当深入的研究和独特的创造，堪称是百科全书式的人物。他在科场上却不走运，四十岁中举人后，曾先后六次参加会试，都名落孙山。不过，戴震的学问却早已得到达官贵人和学者名流的赞赏。大学问家纪晓岚和吏部尚书王怀祖先后聘请他为家庭教师。乾隆皇帝开设四库全书馆，召集全国一流学者参与编纂《四库全书》，戴震被特别邀请为纂修官，负责校订历算、地理类的典籍。后来，他以四库馆臣的身份再次参加会试，还是落榜，乾隆皇帝便破例让他参加殿试，并赐给他“同进士出身”的头衔，戴震这才圆了科举梦。但两年后，他便病逝于北京。

戴震的哲学思想主要体现在《孟子字义疏证》一书中。他从考据训诂的角度，对“理”“天道”“性”“才”“道”“仁义礼智”“诚”等在哲学范畴的意义进行了追根溯源的梳理和考释，实际上是批驳宋儒的种种附会，如宋儒将“理”视为超然于宇宙万物之上的独立存在，戴震却认为“理”无非就是事物的“分理”“文理”“条理”，寓于事物之中，不能离开事物而单独存在，即“气在理先”“理在气中”，故他主张“就事求理”：“事物之理，必就事物剖析至微，而后理得。”如果闭户修养，“冥心求理”，就是圣人也不能掌握“理”。戴震尖锐地指出，程朱二人主张“存天理，灭人欲”，将“天理”和“人欲”对立起来，实质上是对人性的扼杀：“酷吏以法杀人，后儒以理杀人。”戴震悲愤地说：“人死于法，犹有怜之者；死于理，其谁怜之！”

但在清代，学者推崇的是戴震学问渊深和考据精核，推崇的是他的方法，而不是他的思想。《清史稿·戴震传》称：“震之学，由声音、文字以求训诂，由训诂以寻义理，谓义理不可空凭胸臆，必求之于古经。求之古经，而遗文垂绝，今古悬隔，必求之古训。古训明则古经明，古经明则圣人、贤人之义理明，而我心之同然者，乃因之而明。”就是从方法论上盛推戴震。戴震的两位弟子王念孙和段玉裁都是考据名家，更加突出了戴震作为考据大师的形象。其实，戴震锋芒直指程朱的批判精神本身，就足以奠定他在清代思想史上的地位。

## 严　复

严复（1854—1921年），近代以翻译西方学术名著而著名的启蒙思想家，字又陵，一字几道，福建侯官（今福建闽侯县）人。早年读过私塾，十四岁考入福建巡抚沈葆祯创办的福州船政学堂学习海军课程，五年后以优异成绩毕业，颇受器重，被派往英国留学，入格林尼茨海军学院学习战术、炮台建筑等，与日本人伊藤博文（后曾四任日本首相，并发动中日甲午战争）是同学。严复不但专业成绩在同学中名列前茅，而且广泛阅读了西方各种学术名著，对卢梭、孟德斯鸠、达尔文等人的学说尤为倾心。

三年后，严复学成归国，但送他出国的沈葆桢已死，他在官场失去了靠山，而他又没有举人或进士的头衔，难以得到一官半职。严复无奈，只得发愤治八股，希望通过科举考试打开官场之门，但连续四次都名落孙山。直隶总督兼北洋大臣李鸿章奉命在天津创办北洋水师学堂，严复被聘请为总教习，后升任总办（校长），但只是挂名总办，不预机

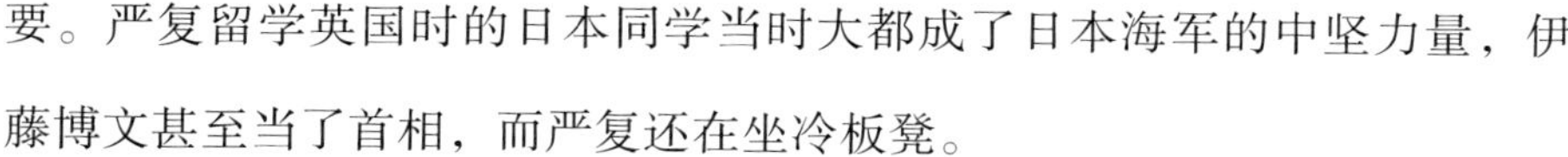

要。严复留学英国时的日本同学当时大都成了日本海军的中坚力量，伊藤博文甚至当了首相，而严复还在坐冷板凳。

北洋舰队在甲午战争中全军覆没后，光绪皇帝决心变法图强，诏选人才。严复被荐，他给皇帝上了一份《万言书》，极论中国积弱的病根不在外患，而在内治不修，在法既蔽而不知变，详细论述了中国以长治久安为要图和西方以富国强兵为切计的得失利弊，但没有结果。此后，他在报纸上陆续发表了《论世变之亟》《原强》《辟韩》《救亡决论》等政论文，宣扬民主、平等、自由的思想。

他在“戊戌变法”前后翻译出版了赫胥黎的《天演论》、亚当·斯密的《国富论》、斯宾塞的《群学肄言》、穆勒的《穆勒名学》、甄克思的《社会通诠》、孟德斯鸠的《法意》等西方学术名著，系统介绍了西方在哲学、政治、经济、法律、逻辑等方面的最新成果，使中国读者眼界大开。其中，最有影响的便是《天演论》。《天演论》原名《进化论与伦理学》，为英国生物学家赫胥黎宣传进化论的演讲集。严复译以先秦诸子式的典雅文体，读来别具魅力，令人耳目一新，其中最刺激中国读者的就是“物竞天择”之说。弱肉强食，适者生存，这种自然界的法则对文明古国的读者不啻一种当头棒喝。“天演”即进化，就是生存竞争，给中国人提供了一种新的思维模式，当时的中国青年深受其影响，如鲁迅、胡适等人早年都曾经是进化论者，就连孙中山这样的革命家，也谈起进化论来，但严复不赞成革命。

# 重要历史事件

# 田单复国

燕昭王二十八年（公元前284年），燕昭王任命乐毅为上将军，联合秦、赵、魏、韩四国，大举进攻齐国。

一开始势如破竹，五国一连攻占了齐国70多座城，只有莒和即墨还在顽强抵抗。当时在即墨领导齐国人的将领名叫田单。田单身先士卒，有勇有谋。

这个时候，燕昭王去世了，燕惠王即位。田单知道机会来了。他派人到燕国散布关于乐毅的谣言，说乐毅打算趁新王即位的时机自己做齐王。一个叫骑劫的大夫想要取乐毅而代之。正好齐国的谣言传来，他就在燕惠王面前添油加醋，说乐毅的坏话。燕惠王就撤了乐毅的职，让他回国。骑劫取代了乐毅，当上了将军，来到齐国，指挥军队，进攻了几次，也没有攻下。

田单这时派使者去见骑劫，说城里粮食早就没有了，实在守不住了，要求投降。骑劫大喜，燕军也丧失了警惕，只等受降进城。

田单却在加紧准备反攻。他命人把全城的牛都集中起来，给牛披上褂子，画上五颜六色、稀奇古怪的花纹；给牛角上绑上匕首、尖刀，又在牛尾巴上绑上浸了油的芦苇。

他又挑选了5000名精悍的士兵，穿上花哨的衣服，涂上各种颜色的

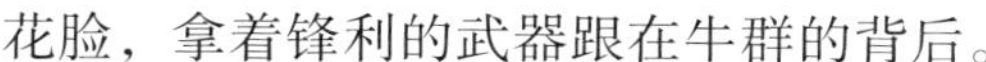

花脸，拿着锋利的武器跟在牛群的背后。

就在约好了的“投降”时间的前一天晚上，田单命人把城墙挖开几个口子，悄悄地把牛赶出城外，然后点燃了牛尾巴上的芦苇。牛群因惊慌，没命地往前跑。火借风势，越燃越大，牛也就越来越疯狂，只顾朝前面横冲直撞过去，那5000名士兵紧紧跟在牛后面，向燕军的营地冲杀过去。

骑劫和燕军官兵没有防备，都在睡觉，猛一见这些怪兽和怪人，以为是天兵天将杀来了，也不敢抵抗，掉头就跑。逃跑的士卒互相践踏，死伤无数，连骑劫也被打死了。

田单的“火牛阵”，是中国历史上的经典战例之一。此后田单一鼓作气，不断收复失地，光复了齐国。

## 窃符救赵

公元前259年，秦军围住了赵国都城邯郸。平原君给魏国的信陵君写信求救。

秦王知道了这个消息，派使臣到魏国威胁魏王，魏王便不敢再救赵国。信陵君看此事终究无望，就组织自己手下的门客，准备自己去救赵国。

一个叫侯嬴的看门人却对信陵君的计划不以为然，替他想出了一个计策。原来，信陵君曾经替魏王最宠爱的妃子如姬报了杀父之仇，如姬视信陵君为恩人，一心想要报答他。信陵君可以利用如姬，让她偷出魏王身边调兵用的另一半虎符。

魏国大将晋鄙带领10万人马驻在赵魏边界上，如果能调动他们，何愁赵国的围不能解呢？

信陵君还有一点担心，道："就算拿到了虎符，晋鄙却不听调动，那又该怎么办呢？"

侯嬴说："我的朋友朱亥武功超群，所用兵器是一柄40多斤重的大铁锤。如果让他跟公子一起去，到时候晋鄙听令则罢，否则就一锤打死他！"

信陵君依计而行。没多久，如姬果然把虎符偷了出来。信陵君拿着虎符，带上朱亥，连夜赶往魏军军营去调兵。

见了晋鄙，信陵君说："大王特意让我来替换将军，让您休息。"

晋鄙验过了虎符，自然真实无误，可是他想："大王让我带领这10万大军，我又没犯什么过错，却突然要撤换我。而且这么大的事情，也没有信函，只是口说，实在让人不太放心。"就说道："请公子不要见怪，这样大的事情，还需要禀告大王一声才能……"

话还没说完，朱亥就喝道："不遵大王的命令就是反叛！"遂从袖中取出大铁锤，一下就把晋鄙打死。

信陵君握着虎符，对士兵大声道："大王命令我代替晋鄙将军领兵，去救援赵国。他不服从军令，所以杀了他。现在大家不许惊慌。"于是，大军在信陵君的带领下向邯郸进军。

秦军没料到魏军还会来援，而邯郸城里的平原君这时候也率军冲出城来。秦军腹背受敌，死伤过半，只好退兵。邯郸之围遂解。

# 巫蛊之祸

“巫蛊之祸”是汉武帝在位时发生的一起宫廷惨剧。

汉武帝共有六个儿子，但他最疼爱小儿子刘弗陵。而太子刘据生性宽厚，与好大喜功的汉武帝很不同，于是汉武帝心里就不太喜欢太子，甚至打算废了刘据，改立刘弗陵为太子。

当时正赶上巫蛊术在京城里盛行。汉武帝对这一套很迷信，他有一回做了个噩梦，以为有人在诅咒他，便立即派绣衣御史江充去追查此事。江充心狠手辣，不管是谁，只要被江充扣上“诅咒皇帝”的罪名，就不能活命，用这种方式，他杀死了好多人。

由于江充以前与太子刘据有矛盾，于是他利用这一时机，诬陷刘据和他母亲卫皇后，说在他们的寝宫里挖出了诅咒皇帝的木头人。江充害怕刘据向汉武帝揭穿自己的阴谋，派人拦住刘据不让他去见皇帝。刘据带领兵士围住了江充，借口江充谋反，命武士将江充斩首示众。

江充的同党逃到甘泉宫后，却对汉武帝说太子刘据起兵造反。汉武帝信以为真，命令军队捉拿太子。事到临头，刘据只好打开武库，把京城里的囚犯武装起来。城里的官民不知道究竟是谁在造反，城里一片混乱。

汉武帝只好带兵回到建章宫，亲自督促士兵同太子刘据作战。双方在城里混战了四五天，死伤了好几万人，大街上到处都是尸体和血迹。结果，刘据被打败。他眼看大势已去，赶紧带着两个儿子逃出长安。不久，官兵追来，刘据无处逃跑，就上吊死了。他的两个儿子也被杀死。

后来，汉武帝知道了真相，非常后悔，就派人在湖县修建了一座宫殿，叫作“思子宫”，又造了一座高台，叫作“归来望思之台”，借以寄托他对太子刘据和那两个孙子的思念。这个事件就是历史上著名的“巫蛊之祸”。

## 佛教入国

永平八年的一天晚上，汉明帝刘庄做了一个梦。他梦见一个又高又大的金人，看起来十分威武尊严。第二天上朝，明帝把这个梦讲给文武大臣们听，请他们帮助他解梦。楚王刘英说明帝梦见的是佛，并称这是吉祥的预兆。汉明帝十分高兴，便派郎中蔡愔和博士弟子秦景等人到天竺国取经求佛。

天竺国就是现在的印度。蔡愔、秦景及其随从经过艰苦的长途旅行，终于到了天竺国，并且找到了佛教大师，向他们介绍了汉朝的情况，转达了汉明帝想要取经求佛的虔诚愿望。佛教大师们认为汉明帝不远万里地派人来取经求佛，确实出于虔诚的心情，就决定派遣竺法兰和迦叶摩腾两位大师，带着许多写在贝多罗树叶上的佛经，跟随蔡愔、秦景等人前往中国。

竺法兰和迦叶摩腾到了中国，朝见了汉明帝，并向汉明帝讲解了佛教的教义。汉明帝认为佛教的教义很符合他加强封建专制统治的需要，就请他们两位带着一些佛教徒，把他们带来的贝叶经翻译成为汉文。竺法兰和迦叶摩腾起初住在汉朝政府招待贵宾的鸿胪寺里。他们希望汉朝政府能按照印度佛教寺院的样子修建一所佛寺，供他们居住，就画出佛寺的图样来交给汉明帝。汉明帝从国库里拨出一大笔钱，并且调来有名的工匠，在洛阳城里修建了我国第一座佛寺。因为竺法兰和迦叶摩腾是用白马驮着贝叶经到中国来的，所以这座佛寺就取名为白马寺。

自从汉明帝派人去天竺取经求佛以后，佛教就在中国广泛地传播开了。因为佛教起源于印度，有些教义跟中国的传统思想和风俗习惯不合，于是中国的高僧对佛教教义做了部分改造，并且糅合了儒家、道家思想，形成中国的佛教。

佛教传至六朝，达到鼎盛。北魏迁都洛阳后，兴建佛寺达一千余所，著名的龙门石窟就建于此时。

## 党锢之祸

东汉桓帝年间，出现了宦官当权的局面。宦官为非作歹，不但遭到广大劳动人民的反对，也遭到了太学生们的反对。他们经常在太学里公开揭露和抨击宦官的罪恶，号召大家团结起来，打倒宦官。

世家豪族出身的河南尹李膺、太尉陈蕃，跟太学生领袖结成了好朋友，逐渐形成一个反宦官的集团。

宦官集团看到世家豪族和太学生联合起来，就寻找机会打击党人，先后发动了两次禁锢党人的暴力行动。

延熹九年（166年），宦官唆使人向桓帝诬告李膺等人有谋反的嫌疑，把李膺等送进监狱。窦皇后的父亲窦武想利用党人打击宦官，把朝政大权抢到自己手里来。于是窦武上书，请求赦免李膺等党人。桓帝下令赦免李膺等二百多个党人，但把他们驱逐回乡，禁锢终身，永远不许再做官。这就是第一次的“党锢之祸”。

汉桓帝死后，窦皇后跟父亲窦武商量，把桓帝的侄子、十二岁的刘宏立为皇帝，刘宏就是汉灵帝。窦武被封为大将军，陈蕃被拜为太尉，由他们两人共同掌管朝政。窦武、陈蕃下令免除对党人的禁锢令，把李膺等几个为首的党人请出来做官，暗地里密谋诛杀宦官。宦官集团也立刻紧张地活动起来。窦武发动驻守京城的北军起兵讨伐宦官；宦官指挥防卫宫廷的虎贲军和羽林军抵抗。一场武装争夺权力的斗争展开了。结果，虎贲军和羽林军打败了北军，窦武被包围后自杀，陈蕃也被宦官杀害。

宦官集团还在全国各地大肆搜捕和杀害党人，所有党人和党人的学生、父子、兄弟，凡是做着官的一律免职，驱逐回乡，禁锢终身，永远不许再做官。这就是第二次的“党锢之祸”。

两次“党锢之祸”都是东汉统治阶级内部争权夺利的斗争。宦官们骄奢残暴、作恶多端，太学生发动的反宦官斗争，在当时有一定的进步意义。自从他们的斗争被宦官击败以后，东汉的政权又一次完全被宦官集团所控制，政治越来越腐败。

# 牛李党争

“安史之乱”以后，藩镇割据、宦官专政与朋党之争成为三大祸害，加速了大唐帝国走向灭亡的进程。其中，朋党之争即是指“牛李党争”。

牛李两党，是当时朝中的重臣、大臣之间形成的两个朋党。牛党以牛僧孺、李宗闵等为代表；李党以李吉甫、李德裕等为代表。

朋党之争从唐宪宗在位的时候就开始了。有一年，长安举行考试，选拔人才，其中有两个下级官员，一个叫李宗闵，一个叫牛僧孺。考官认为这两个人符合选拔的条件，就把他们推荐给了唐宪宗。

这件事让宰相李吉甫知道了。出身低微的李宗闵、牛僧孺居然敢批评朝政，揭他的短处，他很生气，于是就在唐宪宗面前说，这两人被推荐是因为跟考官有私人关系。唐宪宗信以为真，把几个考官降了职，李宗闵和牛僧孺也没有受到提拔。

李吉甫死后，他的儿子李德裕做了翰林学士。那时候，李宗闵也在朝做官。李德裕对李宗闵批评他父亲的这件事仍旧记恨在心。

唐穆宗长庆元年（821年），李宗闵的女婿考中了进士。有大臣就向唐穆宗告发考官钱徽徇私舞弊。李德裕说确有这样的事。唐穆宗就把钱徽降了职，李宗闵也被贬谪到了外地。

李宗闵把李德裕恨透了，牛僧孺当然同情李宗闵。打这以后，李宗闵、牛僧孺就跟一些科举出身的官员结成一派，李德裕也跟士族出身的官员结成一派，两派明争暗斗得厉害。

唐文宗即位以后，李宗闵当上了宰相。他又向文宗推荐牛僧孺，牛僧孺遂被提为宰相。两人合力打击李德裕，把他调到西川当节度使。

唐文宗本人没有主见，一会儿用李德裕，一会儿用牛僧孺。一派掌了权，另一派就没好日子过。两派势力就像走马灯似的转悠着，把朝政搞得十分混乱。

唐武宗即位后，李德裕当了宰相。他把牛僧孺、李宗闵都贬谪到南方。

唐武宗病死后，唐宣宗即位。他对武宗时期的得宠大臣一概排斥。他先是撤了李德裕的宰相职务，后又把他贬谪到崖州。

就这样，闹了四十年的朋党之争以牛党一派获胜而收场，但是混乱的唐王朝已经到了分崩离析的边缘。

## 会昌灭佛

在封建社会，宗教作为统治者麻痹人民群众的精神武器，常常备受统治者的支持和推崇。但宗教并非在任何时候都会受到统治者的欢迎，即便是影响最大的佛教也屡遭排斥。“会昌灭佛”就是指唐武宗在会昌年间的毁佛活动。

佛教自从传入中国后，在历代统治者的提倡下迅速发展起来，但同时也与封建国家存在着矛盾。大量的劳动人口出家为僧或者投靠寺院为寺户、佃户，寺院控制了许多土地和劳动力，寺院经济发展起来，而封建政府的纳税户却大为减少。因为存在争夺土地和劳动人口方面的矛盾，在这一矛盾达到一定程度时，封建国家就会向佛教势力宣战。

其中，唐武宗灭佛是佛教与道教斗争中的一个回合。

道教是中国土生土长的宗教，追尊老子李聃为教祖。唐朝建立后，因为皇帝姓李，道教尊奉的老子也姓李，统治者为了借助神权，提高皇家的地位，自认是老子的后代，所以推崇道教。唐武宗灭佛的根本原因在于打击佛教寺院的经济势力，但也和道士赵归真对佛教的攻击有很大的关系。

会昌五年（845年），唐武宗实施灭佛行动，采取了废寺、僧尼还俗、没收寺院良田等措施。会昌末年，全国纳税户比宪宗“元和中兴”时增加了两倍多，是“安史之乱”以后国家最盛时期。可见，这次灭佛运动是成功的。

但是，武宗去世后，宣宗即位。宣宗崇信佛教，下令恢复武宗时被废的佛寺，并杀死道士赵归真等。此后，佛教势力又兴盛起来。

会昌灭佛是中国历史上灭佛运动中最严厉、毁灭性最大的一次，也是对中国佛教打击最全面、最惨重的一次。他们真正做到了像毁佛健将韩愈所说的“人其人”（要和尚还俗）、“庐其居”（把和尚庙变成在家人的房屋）、“火其书”（把经书全部烧掉）。这是对佛教采取的“三光”政策。佛教在这次运动中，各宗派几乎全部被摧垮。佛教从此在中国社会、政治、思想等方面的地位和影响大大降低。

# 陈桥兵变

周世宗柴荣去世后，幼子柴宗训继位。这时候赵匡胤掌握着后周的实权，想取而代之。赵匡胤的弟弟赵匡义，还有专门给赵匡胤出谋划策的赵普看出了赵匡胤的心思。

公元960年正月初一，开封城内一片繁华热闹的景象。后周恭帝柴宗训在宫廷内大摆宴席，忽然有人进来禀报：边关来人说辽兵正联合北汉十余万人大举南下。年幼的小皇帝只得下诏命赵匡胤领兵出京迎敌。

其实根本没有什么辽兵，那是赵匡胤秘密派人谎报的军情。赵匡胤认为，小皇帝听到敌兵来犯必然惊慌，如果派人与敌人作战，只能选自己，这样他就名正言顺地将军队掌握住了。

赵匡胤立即征调京城和各地的兵马，于正月初三带兵浩浩荡荡地离开开封城向东北进发。当日黄昏时分，部队行至陈桥驿，赵匡胤下令全军就地安营扎寨，他是不想再往前走了。

赵匡胤在中军大帐里不停地踱步、思索着——事情的成败就在今天晚上了。

天慢慢地黑了下来，在大将高怀德的营帐中，烛光闪闪，人影绰绰。

“有谁反对赵点检当皇帝，我的剑可不认人。”这是高怀德的声音，他和赵匡胤拜过把兄弟。赵匡义接着说：“当今皇帝年幼无为，早应废除才是！”

赵普见大家都默认了，就拿出一件新做的龙袍。黄色龙袍在烛光下闪闪发光，夺人眼目。

将军们一起向中军大帐走去。众将进到帐中，拿着龙袍就往赵匡胤身上套。

赵匡胤还假意推托，众将都倒地叩头，高呼“万岁”。这就是历史上有名的“陈桥兵变”。

赵匡胤马上率领军队返回开封，反对他的人都一一被杀了。柴宗训和符太后这时已无回天之术，为求得一条生路，只好拱手让出了皇帝宝座。

赵匡胤名正言顺地当起了皇帝，他原来担任过后周的宋州归德节度使，因此，他把国号定为“宋”。后周灭亡标志着五代的结束，中国历史上最重要的朝代之一北宋开始了。

## 靖康之变

靖康元年（1126年）八月，金太宗再一次出动大军侵略北宋。

虽然各地宋军又自动赶来保卫汴京，但是投降派一心求和，命令这些军队停止前进。于是，这些军队又纷纷回去了。金军到了黄河北岸，见宋朝守军有十几万人，不敢渡河。他们把许多战鼓集中起来，敲了一夜，吓得宋军全部逃光了。

金军渡过黄河以后，金国名将完颜宗翰派使臣出使宋朝，提出划黄河为界，河北、河东全部归金国。宋钦宗百依百顺，立即派门下侍郎耿南仲和开封知府聂昌去割地，还下诏书给那些地方的军民，叫他们开城降金。

河北、河东的人民非常愤怒，立即掀起了反投降、反割地的斗争。金军来到汴京，城中的守军很少，援军早已被遣散，宋钦宗非常惊慌。主战派官员请求率兵出战，宋钦宗却不答应。不久汴京失守。

城破后，宋钦宗带领几个大臣赶到金营，向完颜宗翰、完颜宗望交了降表，向金国称臣。宋钦宗送上降表之时，金军提出要废除他的帝号，另立一个国君。宋钦宗回到城里后，吓得放声大哭，后悔当初不该听投降派的话。接着，金军派人进城，查封府库中的金银财物，勒索金一千万锭，银二千万锭，绢一千万匹。宋钦宗还派出大批官员，三番五次到老百姓家中大肆搜刮金银。

靖康二年（1127年）春天，金军要宋钦宗再到金营去。宋钦宗一到金营，就被扣押起来。没几天，宋徽宗也被押送到金营。金太宗下令废掉宋徽宗和宋钦宗，并把徽宗、钦宗、太后、皇后、妃子、公主、驸马以及宋朝的亲王、大臣，各种手工业匠人等三千多人押送到金国当奴隶，还掠夺了大量金银财宝和文物图书。就这样，北宋王朝被金国灭亡了。这次事变是在北宋靖康年间发生的，所以历史上称作“靖康之变”。

# 钓鱼城之战

成吉思汗统一蒙古后，开始了大规模的对外扩张战争。他和他的子孙们向西攻占了中亚细亚和俄罗斯平原的广阔地区，一直打到多瑙河流域，逼近非洲。当时，他们想要占领欧、亚、非三大洲，征服全世界，但最终没有实现。南宋在四川省合川县钓鱼山的顽强抗击及其大汗蒙哥被打死，是他们计划失败的重要原因。

钓鱼山位于四川省合川县境内，南距重庆70公里，是一座悬崖突兀、山势险峻的高山。1243年，南宋为抵御蒙古军的进攻在这里筑城设防。

1253年，蒙古军大肆进犯合川，围攻钓鱼山，结果被南宋守将王坚击退。事后，王坚调集合川周围五县17万军民进一步加固钓鱼城。1258年，蒙古大汗蒙哥亲率大军进攻钓鱼城，但久攻不下。1259年7月，蒙古军主帅王德臣在进攻钓鱼城时被城中发出的飞石击中，重伤而死。蒙哥得知，大为震怒，亲自督战，再攻山城，结果，他也在城下被飞石击中，死于军中。

他的死在蒙古统治集团内部引发了混乱。当时，他的几个弟弟都带领重兵在外作战。为争夺汗位，已经占领了大马士革，正准备进攻埃及的旭烈兀和正在湖北鄂州、湖南潭州进攻南宋的忽必烈及塔察尔都急急忙忙收兵回师。正在攻打莫斯科的蒙古军队也停止了前进。一时间，欧、亚、非三大洲的局势发生了急剧变化。如果不是南宋合川钓鱼城军民英勇抗击并打死蒙哥大汗，蒙古军完全有可能一鼓作气打下莫斯科，攻克埃及，占领欧、亚、非三大洲。那样，蒙古军的战史就要重写，世界历史也要重写。所以，人们在评论南宋合川钓鱼城守卫战时，称它是“一场影响整个世界局势的战役”。

## 四大汗国

成吉思汗去世后，窝阔台即位。1235年，窝阔台决定派自己的四个兄弟的长子、长孙率领军队进行“长子西征”，术赤的长子拔都是这次西征的统帅。

拔都率领强悍的蒙古军队直扫整个东欧。1239年冬天，拔都发动了对斡罗思国都乞瓦城（今乌克兰共和国首都基辅）的进攻，洗劫和屠杀了乞瓦城。接着拔都又率军队攻入马札儿国（今匈牙利），并攻占了其首都佩斯城（今匈牙利布达佩斯）。

蒙古大军如同洪水猛兽一般向西方推进，势不可挡，西欧各国对此十分震惊。但由于西欧人民的顽强抵抗，战线拉得太长的蒙古军队已经无力西进。1242年4月，蒙古大汗窝阔台去世，消息传来，拔都率军东撤。他无意争夺汗位，只想重建属于自己一方的国土。1243年，拔都把营帐设在亦的勒河（今伏尔加河）下游，不久便在那里修筑了萨莱城，并以此为中心来统治他所占领的地域。拔都统治的地区叫作钦察汗国，也被称为金帐汗国。

1252年，夺取了汗位的蒙哥派弟弟旭烈兀率兵西征。这次西征的首要目标是地处里海之南的木剌夷国。强大的蒙古军队很快就攻陷了木剌夷国，并残酷地屠杀当地民众。

接着，好战的蒙古军队又进攻黑衣大食的首都报达（今伊拉克巴格达）。旭烈兀很快用火炮攻陷了报达。蒙古军队进城后烧杀抢夺，彻底破坏了报达这座历史名城。之后，他又率领军队入侵了美索不达米亚、叙利亚、阿勒颇和大马士革。最后，由于埃及军民的奋力抵抗，蒙古军队才停止了向埃及和非洲的扩张。

正当旭烈兀进兵西亚的时候，传来了蒙哥死去的消息。紧接着忽必烈与阿里不哥争夺汗位。后来，忽必烈夺取了汗位，将波斯封给旭烈兀。旭烈兀便在自己的领土上建立了伊利汗国。伊利汗国的领域非常广阔。

除了钦察汗国、伊利汗国以外，窝阔台的后裔建立了窝阔台汗国，察合台的后裔建立了察合台汗国。这就是元朝历史上著名的四大汗国。四大汗国的建立扩展了元朝的疆域，使元朝成为当时世界上、也是我国历史上国土面积最为广阔的朝代。

# 朱元璋治贪

明朝建立之初，明太祖朱元璋就颁布森严的吏法，毫不手软地惩治贪官污吏，其手段几乎达到残酷的程度。

中国的封建社会时代，朝廷的赋税历来都是由衙门里的“钱粮师爷”负责征收。朱元璋夺了这批人的权，另外委派人征收赋税。他叫户部查勘百姓的土地，以每一万亩田为一个单位，选出其中土地最多的一户人家当粮长，令其负责把赋税送交国库。没过多久，朱元璋发现那些粮长和贪官污吏并没有多大区别，便立即把那些不规矩的粮长抓来杀了，杀人最多的一次，他一口气就杀了一百六十多个人。

朱元璋为加强对官员的监视，设立了御用拱卫司（后改名为锦衣卫），替他打探官员的一切行为。为了使臣下们对朝廷产生畏惧，朱元璋常常利用锦衣卫探得的情况，当面盘问有关的大臣，让他们明白，自己日夜在皇上的监视之下。有一次，大臣宋濂在家设宴待客，第二天上朝时，朱元璋便问他请了哪些人，饮了哪种酒。幸亏宋濂老老实实一一回禀了，回禀的情况跟朱元璋知道的一样，才引得皇上一脸笑容，夸奖他一向老实，从不讲假话。

洪武十八年（1385年），发生了震惊全国的“郭桓案”。

郭桓是刚被提拔的户部侍郎。可是，在不到一年的时间里，他利用职权贪污了和全国一年能征收的赋税总数相等的钱财和粮食。朱元璋大为震惊，杀戒大开，接连下令诛杀郭桓案的有关人员，总共杀了几万人。

经过多次对贪官污吏的惩处，官场的风气确实比以前好转了一点儿。这以后，朱元璋亲自主持修订了明朝的法律，把自己惩办贪官污吏的办法写进了法律条文。但法律条文再多，到执行的时候总会遇到困难。故朱元璋之后，那些条文很快便形同虚设，社会风气也再度沉沦。

朱元璋惩处贪官污吏的手段十分严酷，也产生了很多副作用。他造就了一个专门用特务手段维持统治的特殊官僚阶层，这些人以后用更加残酷的手段对付自己的政敌，使得整个明朝充满了尖锐的内部斗争。

## 土木之变

明朝英宗年间，明朝北方的边界上崛起了一支强大的蒙古部族——瓦剌。

明正统十四年（1449年），瓦剌的首领也先发兵攻打山西的大同，紧急军情很快传到了北京。受宠幸的宦官王振竭力劝明英宗御驾亲征。

七月十七日，明英宗和王振带着五十万临时拼凑起来的队伍从怀来往宣府进发。几天来，由于风雨不断，军粮不足，疲惫不堪的明军好不容易挨到大同。这时候，前方却传来不幸的消息：也先采取诱敌深入的战略，两支明军全军覆没，大同已经暴露在瓦剌军的攻击矛头之下。

听到这消息，明英宗惊恐万分，王振也变得六神无主，立刻下令迅速撤退。这次撤退，跟出兵一样，根本没有什么准备，一开始就变成无秩序的溃败。

明军的大同总兵郭登建议改道从紫荆关回军，这本来是最安全的路线，可是王振偏不听，逼着大军从原路撤回，还想顺道回到自己家乡去夸耀一番。谁知刚撤到狼山附近，也先的骑兵就尾随着追上前来。

王振和明英宗仓皇南逃。明英宗的銮驾跑得神速，傍晚时候就到了离怀来县二十里的土木堡。大臣们看到土木堡无险可守，劝明英宗进怀来县城，以便防守。可是这时候王振还没有赶到，明英宗偏要等到王振来了才肯动身。王振到了土木堡，却不想连夜赶路，居然决定在土木堡扎营过夜。

也先懂得兵贵神速的道理，他带兵连夜奔袭，迅速到来，把明军团团围困在土木堡。

内无粮草，外无救兵，明军被也先的部队围了三天，只得拼命往南突围。结果死伤无数，王振也被杀死。也先大获全胜，还俘虏了明英宗。也先以为，有了明英宗，就可以大大地敲明王朝一记竹杠。于是他带着明英宗，继续带兵南下，包围了北京城。

土木堡一战之后，明朝的势力便逐渐削弱，原来由明太祖、明成祖建立起来的边界上的安定局面迅速瓦解。

# 张居正改革

张居正是明朝中后期的一位杰出的政治家，他一心革除弊政、振兴经济、加强武备，使衰朽的明王朝又有了一点儿起色。

张居正小时候就很聪明，又刻苦努力。二十三岁那年，他中了进士，踏入仕途。

二十年后，张居正当上了内阁首辅。当时，朝政十分混乱，他决心实行一番改革。明神宗也很支持他。张居正决定逐步进行改革。他先提出三条办法，一是命令各衙门建立收发文件的簿子，凡需要本衙门经办的，办理一件，注销一件，做到件件有着落。如果官员不及时办理，要严加惩办。二是确定各个衙门的职责，尽责的升迁，不尽责的降罚。三是对府以上的官员要考察，重新任命，不合格的要撤职。

这些办法实施以后，官员办事的效率提高了，凡事有人管，整个国家出现了一派新气象。

有一次，张居正和大臣们谈起国家大事，说："现在全国各地的徭役太重了，我听说有些地方开始实行一条鞭法，我看这个办法好，应该在全国推广。"

什么是一条鞭法呢？原来，明朝时候，老百姓要替国家尽各种义务。有的时候是出去办事，像看管银库、看管粮仓，等等。还有的时候，上边需要钱了，老百姓就要一次次地掏腰包。轮到谁家，谁家就得又出人、又出钱，弄得百姓们生活十分痛苦，都非常不满。

后来，一些地方官提出了一个新办法。他们主张按各家土地、人口的实际情况分为几个等次。然后，把各家应缴的粮物折成钱，按等次有多有少地进行上缴，再计算出一个县应该上缴的银子总数，一次交收，这就叫一条鞭法。这个办法简便易行，也减轻了老百姓的负担，所以很快就传到了不少地方。

张居正决定在全国推广一条鞭法。推行一条鞭法，是我国封建社会后期的一件大事，对社会经济的发展起到了一定的作用。

张居正还对军事、经济和文化方面进行了一系列的改革。结果国家比以前富裕了，国力也加强了，外部的敌人也不敢随便侵犯了。

可是，张居正在五十七岁的时候，由于积劳成疾，出人意料地过早去世了。很快，反对派发起了攻击，张居正的改革成果被破坏。明朝从此一蹶不振，陷入了衰败没落、无可救药的深渊。

## 萨尔浒之战

明朝的时候，在我国东北，有一个少数民族叫女真族，就是后来的满族。努尔哈赤是其中的杰出代表人物。

努尔哈赤的祖父和父亲都是武将，后来被明朝的军队冤杀。他发誓一定要为祖父和父亲报仇，但在报仇之前，他必须先强大自己。当时女真人分成许多大大小小的部落，相互之间经常不和。努尔哈赤就召集了一批人马，经过几十年的征战，终于征服了各个部落，统一了女真。

随着努尔哈赤统一女真，女真人的实力越来越强，开始经常跟明朝发生冲突。1616年，努尔哈赤正式称汗，国号叫“大金”，史称“后金”。努尔哈赤建立金后，就开始准备向明朝发动进攻了。过了两年，他率领两万人马攻打明朝，出师非常顺利，一连占领了好几座城池。

消息传到北京，明朝的神宗皇帝急忙派杨镐率四路大军出征，打算一下子把后金给灭了。努尔哈赤决定：“凭你几路来，我只一路去！”他打算集中兵力先攻一路。

正在这时候，探子来报，说明军的先头部队由将军杜松率领，在萨尔浒山扎营。杜松在萨尔浒扎营后，留下两万人守营，自己带着一万精锐部队进攻金军。努尔哈赤趁此机会，集中了四万多人的兵力，前来攻打杜松的大本营。

明军听说敌人来了，连忙列好阵势，准备迎战。突然，狂风四起，尘土飞扬，天昏地暗，明军赶紧点起火把。谁知道，这又让金军抓住了机会。明军看不见金军，金军却借着火把的光芒把明军看得清清楚楚。努尔哈赤一声令下，将士们乱箭齐发，射死了好多明朝士兵。明军大败，大营也丢了，杜松急忙回师救援，却被努尔哈赤的大军团团包围起来。几次突围不成，结果，这一支明军全军覆没，杜松自己也死在乱军之中。努尔哈赤乘胜追击，又分别打败了另外两支明军。明军四路兵马，三路主将死的死，逃的逃，剩下一路人马不敢再战，只好退走。

萨尔浒一战，充分显示了努尔哈赤杰出的军事指挥才能。此后，足智多谋的努尔哈赤率领后金化被动为主动，军事、经济实力迅速扩张。不久，后金迁都沈阳，为后来清军入关、统一全国打下了坚实的基础。

# 曾国藩与湘军

曾国藩是晚清名臣。他的一生与镇压太平天国起义密切相关。1852年，曾国藩因母丧在家。这时太平天国的起义已席卷半个中国，尽管清政府从全国各地调集了大量八旗、绿营官兵对付太平军，可是这两支腐朽的武装不堪一击。因此，清政府屡次颁出奖励团练的命令，力图利用各地的地主武装来遏制农民起义军的发展，这为曾国藩建立湘军提供了一个机会。1853年借着清政府寻求力量镇压太平天国的时机，曾国藩因势在其家乡湖南一带，依靠师徒、亲戚、好友等复杂的人际关系，建立了一支地方团练，称为湘军。曾国藩残酷镇压太平天国起义，用刑苛酷，有人责其杀人过多，称呼他为“曾剃头”“曾屠户”。据说，南京小孩夜哭，妈妈说“曾剃头来了”，小孩就不哭了。在和太平军作战中，曾国藩用劫掠财物、封官赏爵的办法鼓舞士气，养成湘军凶悍残忍的本性，使湘军在军事素质落后的清朝武装力量中成为中国南方地区与太平天国军事力量作战的主力之一。曾国藩被封为一等勇毅侯，成为清代以文人身份而封武侯的第一人，后历任两江总督、直隶总督，官居一品。

# 洋务运动

19世纪中叶，英法联军发动了侵略中国的第二次鸦片战争。1860年，侵略军打进北京，火烧圆明园，强迫清政府签订了丧权辱国的《北京条约》。面对内忧外患，清朝统治阶级内部意见分歧，出现了洋务派和顽固派。洋务派主张利用西方的先进生产技术，维护清朝统治。顽固派因循守旧，盲目排外，仇视一切外来事物。

慈禧暂时采取了支持洋务派的策略，于是从19世纪60年代到90年代，中国掀起了一场“师夷长技以自强”的洋务运动，确立了从制器练兵入手的洋务方略。接着，在京设立了负责经办洋务外交的中央机构——总理各国事务衙门。曾国藩提出“师夷智以造炮制船”，1861年设立了安庆内军械所，开始用机器制造枪炮和轮船，成为最早发动洋务运动的地方官员。继曾国藩之后，李鸿章成为洋务运动的最重要首领。综观持续了三十多年的洋务运动，其贡献可以归纳为四个方面：一是制器练兵；二是振兴商务；三是造就人才；四是创设近代海军。

洋务运动增强了清政府镇压太平天国运动的实力，也有起到抵制外国侵略的作用的一面，但最终目的是维护清王朝的封建专制统治。从倾向性看，洋务派要求改变祖宗之法，反对顽固派盲目排外，主张学习西方先进的科学技术，既顺应发展了“新思想”，又对后来的资产阶级维新思想产生了重要影响。从客观效果看，洋务运动虽然没有使中国走上富强道路，但对外国资本主义的经济侵略起了一定的抵制作用，对中国民族资本主义的产生起了引导作用。它建起中国第一批近代工业，是中国从传统手工生产模式发展到大机器生产模式的转折点；发展了中国近代的军事和教育，造就了一批具有资产阶级思想的知识分子，在整体上促进了中国民主革命和近代化的进程。但由于阶级和时代的局限，洋务运动最终失败了。这表明，在半殖民地的旧中国，依靠封建官僚士大夫实行的枝节改革，是不可能把中国引向资本主义近代化道路的。

# 第四章

# 史家与史学名著

# 左丘明与《左传》

左丘明（约公元前502—约公元前422年），姓左，名丘明（一说复姓左丘，名明，也有人说他姓丘，名明，因其父曾任左史官，故称左丘明），春秋末期鲁国人，曾任鲁国史官。左丘明知识渊博、品德高尚，孔子曾说过："巧言、令色、足恭，左丘明耻之，丘亦耻之；匿怨而友其人，左丘明耻之，丘亦耻之。"可见孔子把他引为同道。汉代史家司马迁称其为"鲁君子"。

《左传》原名为《左氏春秋》，汉代改称《春秋左氏传》，简称《左传》。旧时，相传它是春秋末年左丘明为解释孔子的《春秋》而作。《左传》实质上是一部独立撰写的史书。它起自鲁隐公元年（公元前722年），迄于鲁悼公十四年（公元前453年），以《春秋》为本，通过记述春秋时期的具体史实来说明《春秋》的纲目，是儒家重要经典之一。它与《春秋公羊传》《春秋穀梁传》合称"春秋三传"。

《左传》是研究春秋时期历史的重要文献，它代表了先秦史学的最高成就，对后世的史学产生了很大影响，特别是对确立编年体史书的地位起到了很大作用。

由于它具有强烈的儒家思想倾向，强调等级秩序与宗法伦理，重视长幼尊卑之别，同时也表现出"民本"思想，因此也是研究先秦儒家思想的重要历史资料。

《左传》还是一部非常优秀的文学著作，长于记述战争，又善于刻画人物，重视记录辞令。其声律兼有诗歌之美，言辞婉转，情理深入，描写入微，是中国最为优秀的史书之一。

## 司马迁与《史记》

司马迁（约公元前145—？年）西汉史学家，字子长，夏阳（今陕西韩城南，一说龙门）人。司马迁从小受到良好的教育，成人后曾师从孔安国、董仲舒等儒学大师，又曾漫游东西南北，眼界大开。

司马迁的父亲司马谈为汉武帝的太史令，崇尚道家，对儒、墨、名、法、阴阳、道等各家学说进行过批判和总结。这种家学传统对司马迁的影响很大。司马迁在父亲死后继任父职，成为汉武帝的太史令，时年38岁。这样，他有机会阅读宫廷图书馆中大量的文献典籍。公元前116年，司马迁开始撰写《史记》。

公元前99年，司马迁为李陵投降匈奴事件进行辩护，触怒了汉武帝，被下狱，受了腐（宫）刑。为了完成父亲的遗训，司马迁忍受宫刑这一奇耻大辱，以坚忍不拔的精神，大约在公元前91年完成了他所期望的“究天人之际，通古今之变，成一家之言”的《史记》。

《史记》又名《太史公书》，或《太史公》《太史公记》。《史记》记载了上起黄帝轩辕氏，下迄汉武帝天汉年间的历史，上下贯穿近

3000年历史。全书130篇，由本纪12篇、表10篇、书8篇、世家30篇、列传70篇组成，共计52.65万字，包括政治、经济、军事、文化、少数民族和外国历史等丰富的内容。可见，它是一部百科全书式的通史。

《史记》是我国第一部纪传体通史，创立了史书纪传体编纂体裁。它体现了司马迁进步的历史观。他歌颂人民的反抗斗争，同情人民所受的痛苦。司马迁不但承认历史是发展变化的，而且还试图从历史的生活现象中寻求历史变化的原因。《史记》充分体现了司马迁重视经济的思想，为中国史学界树立了重视经济活动的优良传统。

《史记》既是一部纪传体史书，又是一部传记文学集，描写的人物栩栩如生，战争场面波澜壮阔，具有很大的文学价值。其影响已经远远超出中国的范围。

晚景悲凉的司马迁无父母兄弟，朋友皆避之不及，族人也隐姓埋名、四散而居。在强权高压下，同时期的作品无一敢提及其晚年状况和死因，以致卒年都不可考，这是司马迁的悲哀，也是全中国文人的悲哀。可是历史可以证明：司马迁为后人留下了一个个不朽的英雄形象，而他自己也与这些形象一起超越生死达到永恒。

## 刘向与《新序》《说苑》

刘向（公元前77—公元前6年），西汉文献学家。本名更生，字子政，中年后始更名为向，为楚元王刘交四世孙。刘向虽然出身皇族，但非嫡系，故他十二岁即入宫为辇郎（御车的跟班），二十岁时升为谏大夫（谏官）。刘向以经学文章冠绝一时，曾在皇宫石渠阁讲论“五经”，宣帝末年累官至给事中。元帝时，因上书弹劾外戚和宦官，批评朝政得失，两次入狱。成帝即位后，刘向重新被起用，任光禄大夫。此时，王太后一家已经权倾朝野，太后兄王凤以大将军之职把握政权，汉室日益衰弱。刘向甚为忧虑。为此，他采古今传记，编《说苑》《新序》等书，历举古今帝王成败祸福，希望对成帝能有所启发。成帝并不糊涂，他非常清楚刘向的一番忠心和苦心，但太后在上，王家势力已经布满朝野，成帝想用刘向为九卿，但王家不同意，他也无可奈何。刘向死后十三年，外戚王莽便代汉自立。

刘向与董仲舒同为西汉今文经学讲“天人感应”的大师，在经学史上占有十分重要的地位。但他被后代推崇为第一流的学者，却是因为他在文献整理上的贡献。

西汉王朝建立后，广开献书之路，到成帝时，皇家秘府的藏书已经堆积如山，由于年深日久，这些被束之高阁的藏书多已朽坏散乱。刘向奉成帝之命负责整理皇家藏书，这是中国历史上第一次大规模的文献整理活动，对后代学术界产生了深远影响。刘向等人不但将这些错讹百出、篇章淆乱的藏书校理得文从字顺、井井有条，而且每编定一部书，刘向都要“条其篇目，撮其指意”，即写出目录提要，称为《别录》，被后代学者推为我国目录学的开山之作。事实上，刘向就是目录、校勘、版本之学即古典文献学的开创者。

# 班固与《汉书》

班固（32—92年），东汉史学家，字孟坚，右扶风安陵（今陕西咸阳）人。班固生在一个家学渊博的家庭中，父亲班彪是著名的儒学大师。班固在汉明帝时任兰台令史，他一面典教秘书，一面编纂国史。这两件事，他从27岁一直做到57岁，前后花了30年，《汉书》就是在这期间完成的。

在编纂体例方面，《汉书》继承发展了《史记》的编纂形式，使纪传体成为一种更加完备的编纂体例。对于年月的记载也比《史记》详细和明确。再者，《汉书》对于西汉的政治经济制度和社会文化的记载，比《史记》更加完备，从而提高了《汉书》的史料价值。对于传记的编排，《汉书》基本上按时间先后为序，体例上也比《史记》整齐划一。

《汉书》以维护封建神学思想为己任，神化西汉皇权、拥汉为正统的思想。因此，它首创《五行志》，专门记述五行灾异的神秘学说，还创立《眭两夏侯京翼李传》，专门记载五行家的事迹。

《汉书》开创断代史和整齐纪传史的编纂体例。班固认为，通史体例不利于宣扬“汉德”，又难以突出汉代的历史地位，于是《汉书》“包举一代”，断限起自西汉建立，终于新朝的灭亡。为了突出刘邦，《汉书》将《高帝纪》置于首篇。这种断代史的体例，受到后来封建史家的赞誉，并成为历代“正史”编纂的依据。

《汉书》资料丰富，保存了许多重要的历史文献。《汉书》收入大量有关政治、经济、军事和文化方面的奏疏、对策、著述和书信。《汉书》收入了类似的重要历史文献，如《食货志》收入了晁错的《论贵粟疏》等。

《汉书》还保留了大量国内外各民族的资料。同时《汉书》又是一部文学名著，塑造了一群很有生命力的人物形象。

班固是我国继司马迁之后的又一位杰出的封建史家，他的《汉书》承袭《史记》，但不局限于《史记》，而是做了大胆的创新。他不仅是我国断代史的创立者，而且大大改善了司马迁的纪传体写作体例，在继承中求得发展，在发展中也做到了近乎完美!

## 刘知几与《史通》

刘知几（661—721年），唐代史论家。随着史学的不断发展，史学批评也随之开展起来，在唐代，刘知几写出了我国第一部系统性的史论专著《史通》。它兼有史学理论和史学批评两方面内容，是集唐代以前史论之大成的宏伟巨著。

刘知几生于名门，父兄都是唐高宗和唐玄宗时的官僚。但他仕途颇不得意，于是私下撰写《史通》来阐述他的思想和主张。这部书于公元710年才完成。

《史通》共20卷，包括内篇和外篇两部分，各为10卷。内篇有39篇，外篇有13篇，合计52篇，今存仅有49篇。另有《序录》1篇，为全书的序文。

《史通》在我国史学的发展中有着重要的意义。首先，它历述了中国史官的起源及变迁，列举了历代官修和私撰的史书，以及每部史书的体裁，并加以评论，为我国史学史的发展奠定了基础。其次，它对历史编纂学提出了一些可贵的见解。《史通》主张删除天文、艺文、五行，增加都邑、方物、氏族等志。在编纂方法上，他指出叙事是撰史的重要手法，而叙事最避忌繁芜，提出使用“当世口语”撰史。此外，刘知几指出对史料须加以选择和鉴别。这些主张都有很大的借鉴价值。他还提出了合理的史学研究方法。刘知几提出的史学研究方法自成体系，从史料的范围，史料的采摘，史料的鉴别，史料的区分，到编纂的次序，史事的判断，人物的评论等，都做了创造性的研究和规划，对后来的历史学者有很大的影响，把中国史学的发展向前推进了一大步。

另外，《史通》提出了史家修养的标准。刘知几认为史家要有科学的修养、公正的态度、实事求是的精神。有了这三个条件，历史才能反映社会真实情况。他提出的这些标准在当时是很有见地的。

《史通》开辟了史评的道路，刘知几的评论立论高远，全面系统，史法谨严，把对史书评论的发展大大向前推进了一步。

# 司马光与《资治通鉴》

司马光（1019—1086年），北宋史学家、字君实，陕州夏县（今属山西）人。司马光出生在显宦世家，据说是晋代安平献王司马孚的裔孙。司马光少年老成，七岁时听人讲《春秋左氏传》就非常入迷，回家后还能复述其大义。“司马光砸缸”这个后来几乎是家喻户晓的真实故事，在当时就被人绘成了图画。司马光二十岁时中进士，在仁宗、英宗两朝以敢于直言著称，累官至同知谏院，兼史馆修撰。

司马光看到当时没有一部比较简明完整的通史，同时他为了给封建统治者提供历史借鉴，于是他决心动手编一部史书，并确定此书的宗旨是“鉴前世之兴衰，考当今之得失”，希望宋神宗借以改进政治、安定国家。

《资治通鉴》记述了上起周威烈王二十三年（前403年），下至五代后周显德六年（959年），共1362年的历史，分为294卷，共计300多万字。另有《目录》30卷，《考异》30卷。共历19年的时间，这部巨著才编成。

《资治通鉴》的内容非常丰富，政治史是全书的主要部分。司马光把历史上的君主分为创业、守成、陵夷、中兴、乱亡五类，对他们都做了一定程度的揭露和谴责，以为后世君主的鉴戒。《资治通鉴》也很注意收录关于经济方面的记载，对于商鞅变法、文景之治、北魏孝文帝的均田制等都有记载。

《资治通鉴》是中国第一部编年体通史，具有很高的史料价值，在中国史学上有一定的地位和作用。

首先，《资治通鉴》创立了修史先修长编的写作方法。司马光等人的编写分为三个步骤：第一步是按年月顺序标明事目，剪贴排列起来，叫作丛目；第二步是把丛目中编排的史料，进行初步整理，经过选择，并从文辞上加以修正，由此写成第二稿，叫作长编；第三步是由司马光就长编所载，考其异同，修改润色，最后定稿。

其次，《资治通鉴》建立了编年体通史的规模，既改善了编年体的组织，又充实了编年体的材料，而且把断代编年改为通史编年，使其成为我国第一部编年体通史。

司马光为人严谨、进退有节，颇有大家风度；生活俭朴，在洛阳居住的房屋仅能避风雨。出任宰相后，他日理万机，不舍昼夜以致身体虚弱。有人劝他："诸葛孔明事无巨细，皆亲自过问，因此得疾。公应该引以为戒。"司马光说："死生，命也。"直到弥留之际，他已神志不清，但挂念的还是天下事。司马光死后，汴京罢市，举行吊唁。民间有画工将其遗像刻印出售，非常畅销，许多人家中都挂有一幅。司马光之所以受到百姓如此爱戴，并不是因为他编撰了《资治通鉴》，而是因为他的人格魅力。

# 郑樵与《通志》

郑樵（1104—1162年），宋代史学家、目录学家，字渔仲，南宋兴化军莆田（今属福建）人。

郑樵的学术思想主要是“会通”、“求是”和“创新”。他主张修书要据“仲尼、司马迁会通之法”，不赞成编写“后代与前代之事不相因依”的断代史。他重视实践的经验，反对“空言著书”，认为有许多东西是书本上没有的。他批评许多学者“只知泥古而不知有今，只知拘守而不知变化”，认为“诗书可信，然不必字字可信”。

《通志》是一部纪、传、表、志俱全的通史，共200卷。内容所叙述的历史时间，各部分很不一致。本纪自三皇五帝到隋，《后妃传》自汉到隋，《列传》自周到隋，《二十略》自上古到北宋。

《通志》的体例和编纂方法，在我国史学发展史上有过一定的影响。清乾隆年间所修的《续通志》和《清朝通志》，就是根据《通志》的体例和方法修成的。甚至宋元之际的史学家马端临的《文献通考》以及《九通》中的其他著作，在体例上也吸取了《通志》的成果。

《二十略》是其精华，郑樵在这一部分用了他大部分的精力，提出了一些超越一般史家水平的卓越见解，并提供了许多珍贵的史料。

郑樵在编纂《通志》这部500多万字的巨著时，其方法是值得重视

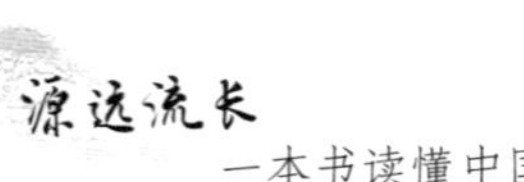



的，他先从各个专门的学问入手，对史料进行考订和调查，然后把所有的史料“会同”起来。所谓“会同”，是指把各种史料加以综合整理，也就是尽可能全面地汇总各种史料，按照年代先后予以整理、编排，探其源流，理出各种事物从古到今的发展过程。

郑樵最后把其研究成果归纳入纪、传、谱、略、载记等体例之中，编成了独创一格的《通志》。郑樵这种求实的治学态度，是他在史学史上最重要的贡献之一。

## 袁枢与《通鉴纪事本末》

袁枢（1131—1205年），南宋史学家，字机仲，建州建安（今福建建瓯）人。他幼年就能赋诗，很有抱负，17岁进杭州太学，于孝宗隆兴元年（1163年）中进士。

《通鉴纪事本末》完成于南宋淳熙元年（1174年），它把《资治通鉴》中所载的战国至五代时期的史事归纳成239个题目，附录66事，大小共305件事，详述事情本末，开创了史学研究中的“纪事本末体”。

《通鉴纪事本末》从内容上讲，完全脱胎于司马光的《资治通鉴》，只是把原分散在各卷中的同一件事的有关联者集中在一起，并重新加上一个标题，因此有人说：《通鉴纪事本末》是《资治通鉴》的重抄。

作者袁枢巧妙抄书，不仅抄出了一部著作，而且宣告了一个崭新的史书体例“纪事本末体”的诞生。梁启超将此誉为中国古代“善抄书者可以成创作”的典型范例之一。

在这部书问世之前，古代史籍所采用的体裁主要有两大类，即“纪传体”和“编年体”。纪传体以人为主线，对于时间、事件、人物各方面都可以兼而顾之，但也有各部分相互重复和脱节的缺点；编年体则是以年代为线索，突出历史发展顺序，而记事却前后割裂，破坏了事件的完整性。比较而言，纪事本末体的手法更接近于现代史书，具有一定的进步性。这种体裁采用的是以事件为中心，标题立目，进行系统的阐述。这样一来，文中所记录事件的来龙去脉便一清二楚了。

虽然作者袁枢的实际工作不过是将《资治通鉴》打散重编，原文照抄，但是纪事本末体的出现却促成了中国历史编纂方法上的一大进步。当然，它也并非毫无瑕疵。它只能从全部历史中选择某些方面做系统的叙述，却不能对全部历史做全面系统的叙述，如在《通鉴纪事本末》的全部篇目中，记录的绝大多数是政治、军事方面的事件；而经济方面的只有唐朝两条：“奸臣聚敛”和“两税之弊”；文化方面则一条也没有。这主要是因为材料十分零散。

## 顾炎武与《日知录》

顾炎武（1613—1682年），明末清初史学家。原名绛，江苏昆山人。清兵破南京后，更名炎武，字宁人，学者称其为“亭林先生”。顾炎武是清初三大遗民之一，在抗清斗争失败后，致力于学术研究。

他对当时的士风痛加针砭，称北方学者“饱食终日，无所用心”，南方学者“群居终日，言不及义”，提倡“书足以匡时，言足以救世”的“实学”。

顾炎武治学，强调客观的调查研究和考证，日常读书，有所得即随手记录，累积起来的成果就是改变一代学风的《日知录》。《日知录》属于考史性质的杂记，内容包括经义、典章、世风、天文、史地、兵农、艺文等。顾炎武不但博学洽闻，而且考证翔实、言必有据，为学术研究提供了一种“实证”的方法，这种方法经过乾嘉学者的发扬光大，成为一代显学，这就是被胡适称为科学方法的“考据学”。但是，顾炎武并非泡在故纸堆中的学究，他是“行万里路，读万卷书”的游学者，每以二马二骡载书自随，至厄塞险要之处，必访问老兵退卒，了解当地的风土人情和史实掌故，如遇有和平时所闻不合者，即检书对证，反复比勘。明代中期以后盛行“陆王心学”，讲究“致良知”，这“良知”就是与生俱来、不学而能的“是非之心”“恻隐之心”等。对于当时士林中的坐而论道、空谈心性的学风，顾炎武深恶痛绝，甚至将明朝亡国的账算在它的头上。他在《日知录》中表现出的实证精神，不仅具有方法论上的意义，更有“经世致用”的目的。

后来的考据学家尊顾炎武为开山宗师，视《日知录》为考据学的经典，但他们主张为考据而考据，与顾炎武“经世致用”的精神恰好背道而驰。

# 赵翼与《廿二史札记》

赵翼（1727—1814年），清史学家兼诗人，字云崧，号瓯北，阳湖（今江苏常州）人。赵翼二十四岁中举人，三十五岁成进士，此后在北京、广西、广东、贵州等地做了十年官。四十五岁时，他以奉母为名，辞别官场，回到家乡，过着"优哉游哉"的生活。他成天在家里读历代史书，每有所得便记于纸上，"积久遂多"。后来，他将自己平时的读书笔记汇聚成书，遂成《廿二史札记》。《廿二史札记》与钱大昕的《廿二史考异》、王鸣盛的《十七史商榷》同为清朝历史考据的三大名著，至今仍被学界推重。

这部书实际上是读"二十四史"的札记，因为赵翼将新旧《唐书》和新旧《五代史》分别视为一史，故名为"廿二史"，实为"廿四史"。《廿二史札记》以笔记的形式，对二十四史各方面的情况如编撰人员、编著年代、史料来源、编纂体例以及各史的得失，都进行了详细的评论、介绍，实际上是人们阅读"二十四史"的入门指南。但此书最能引起读者兴趣的是，赵翼在通读了二十四史后，将某些史实加以归类分析，总结出某种特有的历史现象或有趣的话题，如"武帝三大将皆由内宠""汉初妃后多出微贱""两汉多凤凰""东汉尚名节""清谈用麈尾""后魏多家庭之变""北齐百官无妾""宋皇后所生太子皆不吉”“唐诸帝多饵丹药”“武后之忍”“元初用兵多有天助”“元末殉难者多进士”“明太祖行事多仿汉高”“明初文人多不仕”“明朝米价贵贱”等。

作为考据学家，赵翼的见解往往非同常论，如在卷二十六“和议”条，他认为“义理之说与时势之论，往往不能相符”，如宋金之间以“义理”而言，当主战，但以“时势”而言，则当主和。他评价主战派说：“身在局外者，易为空言；身在局中者，难措实事。秦桧谓‘诸君争取大名以去，如桧但欲了国家事耳’，斯言也，正不能以人而废言也。”然后列举和则安、战则危的史证，让人沉思。这种见解与当时流行的观念完全相反。

赵翼是一位文史通才，其诗与同时期的袁枚、蒋士铨齐名，合称“乾隆三大家”，著有《瓯北诗话》，评论李白、杜甫、苏轼等唐宋大家及高启、吴伟业等明清诗人，主张创新，写有绝句《论诗》：“李杜诗篇万口传，至今已觉不新鲜。江山代有才人出，各领风骚数百年。”

## 钱大昕与《廿二史考异》

钱大昕（1728—1804年），清考据家，字晓徵，又字辛楣，号“竹汀居士”，江苏嘉定（今属上海）人。二十三岁中进士，累充山东、湖南、浙江、河南等省乡试的主考官，官至广东学政。虽一生身处宦海，但钱大昕传世的名声却来自其在学术上的建树。他是乾嘉时代一流的学者，对当时的很多学问，如经学、史学、文学、天文、地理、历算、音韵、训诂、金石等，几乎无所不窥，无不精通，只对佛、道二教的经典不感兴趣。他不仅曾参与撰修《续文献通考》《大清一统志》等大型史书，个人著述也甚多，以《廿二史考异》《十驾斋养新录》最为知名，直到今天仍被学界推重。

《廿二史考异》与王鸣盛的《十七史商榷》、赵翼的《廿二史札记》并称清代考史的三大名著，但《廿二史考异》考据得更精细，最能体现乾嘉学派一丝不苟的实证精神，如监本《宋史·地理志》："乾德三年，平蜀，得州府四十八。"他考证出"八"应作"六"。他广泛引用各种史籍、方志、碑传、笔记等，又以纪、传、表、志互校，加上他渊博的学识，校订出了很多传写和刊刻上的讹误，驳正了不少注释者的舛错，甚至连各史家的疏漏都被他一一指出。这种考据功夫，也许有人视为"雕虫小技"，但却是史家的看家本领。

## 章学诚与《文史通义》

章学诚（1738—1801年），清史论家，字实斋，会稽（今浙江绍兴）人。章学诚与唐代的刘知几被现代史学界推为中国史论的两大家。但据章学诚自己回忆，他少年时非常鲁钝，读书每天不过两三百字，还不能记忆，学写文章，常常用错虚字。直到二十一二岁后，他才逐渐显示出才气。他博览群书，对史籍尤感兴趣，对其中的利弊得失，能随口举出。

章学诚二十五岁从北京国子监（最高学府）肄业后，曾先后参加过几种地方志的编纂，这对他史学思想的形成有一定影响。他虽然在四十一岁时考中进士，获得进入官场的资格，却未能得到一官半职。为了养家糊口，他到处奔走，在各地书院任教，或在达官幕府中为客。他的《文史通义》《校雠通义》等著作，都是他死后，由朋友陆续刊刻问世的。他生前虽然与邵晋涵、洪亮吉、黄景仁等名流共过事，但一直默默无闻，当时学界的很多人都不知道章学诚其人。章学诚被学界普遍认识，是在民国时代，距他去世已经有一百二十多年。尽管如此，章学诚对自己呕心沥血的著作却充满自信，他说："吾于史学，盖有天授，自信发凡起例，多为后世开山。"又说："郑樵有史识而未有史学，曾巩具史学而不具史法，刘知几得史法而不得史意，此予《文史通义》所为作也。"

章学诚所说的"史意"，就是史学的功能或史学的意义，就是"经世致用"的思想。这种思想在今天为常识，但在乾嘉时代却过于超前，因为当时正盛行考据之学，学界弥漫着贵古贱今的风气。他在《文史通义》开篇就提出"六经皆史"的命题，甚至认为"盈天地间凡涉著作之林皆是史学"。这种主张在史学上的意义就是奠立了史料学的基础。

章学诚在史学理论上的独特贡献，是建立了所谓"方志学"。他曾参加过多种方志的撰写，最后还在湖广总督毕沅幕府中为其修《湖北通志》，具有丰富的实践经验。他运用自己的史学理论，高屋建瓴地对方志的性质和作用、体裁和内容、编写和机构等进行了系统论述，提出："家有谱，州县有志，国有史，其义一也。"将方志提升到史书的地位，并使其成为"方志学"，是从章学诚开始的。

# 崔述与《考信录》

崔述（1740—1816年），清代史学家，字武承，号东壁，直隶大名（今属河北）人。二十二岁考中举人后，曾在广东、福建当过知县。崔述生当乾嘉时代，考据之学盛行，从方法论的角度说，考据学的特点就是“无征不信”。这就培育出一些学者的“疑古”精神。此前，阎若璩作《古文尚书疏证》，运用考据的方法，令人信服地证明被历代朝廷奉为“圣经”的《古文尚书》和孔安国的“传”都是伪书；姚际恒著《古今伪书考》，运用同样的方法，证明被后代史家视为信史的一些古籍是出于伪托。崔述正是继承了这种疑古的传统，认为战国以后的书传均不可轻信，所信者唯有六艺，而后人关于古史的概念，如“三皇五帝”“东夷西戎南蛮北狄”等说法，都始于汉儒。崔述一生的学术业绩就是廓清伪书和传说所长期积累的虚伪古史，这些都反映在他的《考信录》一书中。

《考信录》的特点是辨伪，主要内容是《上古考信录》《唐虞考信录》《夏考信录》《商考信录》《丰镐考信录》《洙泗考信录》《孟子事实录》等，其中《洙泗考信录》考证书传所述孔子生平事迹真伪，是研究孔子的重要参考资料。崔述所依据的原则为考信于六艺，即将孔子所传六经作为辨别真伪的根据。这在今天看来固然不值一提，但在学界多以汉儒的是非为是非的乾嘉时代（乾嘉之学又称“汉学”），怀疑汉儒本身就是惊天动地之举。关键问题还在于《考信录》所表现的疑古精神和实证精神，开启了近代史学的新途径：研究古史，首先要考证史料的真伪。刘师培说，崔述在史学领域起了标例的先驱作用；蔡元培称其为清代的王充；胡适将其作为新史学的起点，提出新史学要从崔述开始；而顾颉刚轰动一时的“层累地造成的中国古史”说，将“三皇五帝”统统推翻，正是直接受到崔述的启发而形成的。事实上，在20世纪20年代，崔述就是“古史辨”派的旗帜。

# 第五章

# 古代文史常识

# 周朝的宗法分封制

周部落原来活动在渭河流域，后经周文王姬昌广求人才，四面征战，统一了一些部落。周武王姬发继位后，联合八百诸侯，兴兵灭商。从公元前11世纪到公元前256年，周朝存世约800年，共传30代37王。

周王朝建立后，进行了一系列制度维新，其中最重要的创新有二：一是确立了宗法分封制。周朝为了有效地控制被征服的广大地区，分封姬姓贵族子弟和功臣、还有殷商后代（兴灭国、继绝世的文化传统）到各地建立政权。西周初年一共分封了71个诸侯，其中姬姓国53个。另外，规定周天子的王位和诸侯的封爵由嫡长子继承。二是确立了礼制，就是周公着手建立的周王朝的一整套的典章制度。这些典章制度主要见于《周礼》一书。周礼的内容丰富多彩，最重要的是确立了君臣的礼仪原则：一是“亲亲”，贯彻血缘宗族原则，强调通过父子、兄弟关系来维系宗族；二是“尊尊”，执行政治关系的等级原则，分清君臣上下的等级。其宗旨就是要“别贵贱，序尊卑”，体现君臣、父子、兄弟、夫妻的上下尊卑之别。

# 周代诸侯的等级

周代初期大分封之后，形成了为数众多的同姓诸侯和异姓诸侯。这些诸侯因出身、功勋、实力等有所不同，他们之间自然有差异等级。周王室将诸侯分成五个等级，其相应的爵位分别称：公、侯、伯、子、男。

公，主要有三种情况，一是先王之后，如舜之后称陈胡公，夏之后称东楼公，商之后称宋公等，都是先王之后而为周所褒封的；二是周王畿内的诸侯，如周公、召公；三是与周王室关系特别密切的，如虢公、虞公。

侯，主要是大国诸侯，如齐、鲁、卫、晋、燕、陈、蔡等国。

伯，主要是小国诸侯，如曹、原、毛、郑等国。

子，主要是蛮夷之君，如楚、吴、越、邾、莒等国。

男，主要是华夏小国之君，如许。一说子和男是同一等级。

周代诸侯的五等爵制，见于许多文献记载，如《礼记·王制》说："王者之制爵禄，公、侯、伯、子、男凡五等。"《史记·汉兴以来诸侯王年表》也说："周封五等，公、侯、伯、子、男。"但是，从春秋时期的情况来看，五等爵制似乎并没有严格执行，诸侯称爵比较混乱，诸侯对内的尊称以及对外的谦称，往往使人无所适从，单从称呼上无以辨别其真实的爵位。如诸侯称“公”的常常对外称“伯”，称“侯”的常常对外称“伯”、称“子”，称“伯”的则往往自称“伯男”；反之，也有诸侯称“子”的，对外自称“伯”“侯”，以壮声势。两国之君会盟，双方互称时往往就高不就下，以示尊重。至于蛮夷之君，甚至有称“王”的，如楚王、吴王、越王、戎王等。这说明，五等爵制虽然存在，但不是很严格，诸侯们不受“正名”的束缚，有灵活掌握的空间。

不过，对于同姓诸侯来说，由于血缘宗法关系的制约，他们之间的爵位班次比较严格一些。据《国语》记载，周代同姓诸侯有一个位次秩序，称为“周班”，是周天子为了分别亲疏、排列爵位而制定的，体现了同姓诸侯之间的亲疏、远近、贵贱、长幼、上下的差别，很受重视。《左传》多次记载诸侯会盟有位次之争，说明当时诸侯对于自己的位次十分在意。在“周班”中，鲁国居首，《国语·鲁语下》称“鲁之班长”，说明在同姓诸侯中，鲁国实居第一。

## 古代的禅让

禅让起源于尧舜二帝，但那只是传说，是没有文字记载的。中国历史上有文字记载的禅让，始于汉魏禅让。从那以后，禅让逐渐成了一种制度，并有了相对固定的禅让仪式。

东汉到献帝时，早已名存实亡，权臣曹操大权在握，献帝只是他手中随意摆弄的一个工具。他把自己的三个女儿给献帝做贵人，接着杀了皇后伏氏，立自己的一个女儿为后，献帝至此完全成了囚犯，整天处在严密的监视之中，毫无自由可言。曹操虽“挟天子以令诸侯”，却又始终未取而代之。孙权劝他称帝，他竟然说：“这小子是要把我放在炉火上烤啊。”他的内心未必不想取而代之，但尚有顾忌。一则东吴和蜀汉尚未灭，二则还有点害怕名分不正，世袭制在当时还有相当的约束力。时机尚未成熟，不宜轻举妄动。他在等待，等待社会对自己的认可，所以他明确表示：“若天命在吾，吾为周文王矣。”他在为子孙创造条件，他把机会留给了儿子。曹丕袭位未久便登基为帝，以魏代汉，基础全是曹操打下的。

综观汉魏的禅让，曹氏父子以魏代汉的全过程大致如下：①曹操受命赞拜不名，入朝不趋，并可剑履上殿；②策命为魏公，加九锡；③进号为魏王；④使用皇帝的全副仪仗；⑤大造舆论，制造种种魏将代汉的谶纬和祥瑞，以预示此乃天意；⑥百官劝进，献帝下第一道禅让诏书，曹丕坚决辞让，于是百官再劝进，献帝再下第二道诏书，曹丕再坚辞，如是者三；⑦百官第四次敦劝固请，献帝下第四道禅位诏书，以明“天命不可拒，民望不可违”，于是曹丕不再坚持，选定吉日，准备登坛受命；⑧在受禅坛告天禅让，完成改朝换代的仪式，正式登基做皇帝。

以上便是汉魏禅让仪式的全过程。从时间上讲，前后长达八年之久。这是中国历史上第一次完整的禅让仪式，以后的历朝历代的禅位仪式都是仿效汉魏禅位仪式的，只是时间上没有那么长，过程上也相对简化了。现简述如下：

汉魏禅让四十五年之后，曹丕的侄孙魏元帝曹奂禅位于晋武帝司马炎，如“汉魏故事”。

东晋的末代皇帝晋恭帝司马德文，在位不过两年，就禅位于南朝宋武帝刘裕。

南朝宋顺帝刘准禅位于齐高帝萧道成，齐和帝萧宝融禅位于梁武帝萧衍，梁敬帝萧方智禅位于陈武帝陈霸先。

北魏统一北方后，不久分裂为东魏、西魏，东魏孝静帝元善见禅北齐文宣帝高洋，西魏恭帝拓跋廓禅北周闵帝宇文觉。北周灭齐统一北方后，北周静帝宇文衍又禅位于隋文帝杨坚。

隋统一南北后，不过三世，又禅位于唐。大唐之夺取天下，在形式上也是由隋恭帝禅位于唐高祖李渊的。

大唐三百年，至唐哀帝时又禅位于后梁太祖朱晃。五代中的后唐、后晋、后汉三代未经禅让，然至后汉隐帝刘承佑时又禅位于后周太祖郭威。后周恭帝柴宗训又禅宋太祖赵匡胤。

赵匡胤以陈桥兵变黄袍加身而得天下，建立了北宋。南北两宋相沿三百余年，为元所灭。中国历史上的禅让故事到宋朝就全部结束了。

中国历史上的禅让故事，其实都是一些篡位的故事。面子上谦恭礼让，骨子里却是刀光剑影。汉献帝禅位后被封为山阳公，十四年后寿终，得以天子礼安葬。禅位于司马炎的曹奂也是比较幸运的，当了三十七年的陈留王，也得以善终。其他禅位君主的命运就比较惨了，如东晋的司马德文，在禅位的第二年即为刘裕所杀害。

# 天干地支

天干地支合称“干支”，是中国古代用来表示年、月、日、时的次序。天干共有十个符号：甲、乙、丙、丁、戊、己、庚、辛、壬、癸。地支共有十二个符号：子、丑、寅、卯、辰、巳、午、未、申、酉、戌、亥。在我国殷墟出土的文物中，有甲骨上刻着完整的六十甲子，说明我国至少在商朝时就已开始使用干支纪日了。

用干支纪月，其方法为：遇甲或己的年份，正月是丙寅；遇乙或庚之年，正月为戊寅；遇丙或辛之年，正月为庚寅；丁或壬之年，正月为壬寅；戊或癸之年，正月为甲寅。依照正月对应的干支，其余月份即可推出。相比常用的干支纪年，干支纪月法一直未普遍实行，多是星相家推算八字用。

干支纪年是我国传统的纪年方法。具体来讲，就是将十天干和十二地支按顺序两两相配，天干的单数配地支的单数，天干的双数配地支的双数，如此，每六十年就是一个周期（第一年为“甲子”，第二年为“乙丑”，第三年则为“丙寅”，以此类推），民间称之为“六十年转甲子”。后来，由于此法纪年重复太多，到了汉武帝时便开始用皇帝年号纪年了。

干支纪时法在我国古代一直使用，从未间断。古人还用十二地支与十二种动物相配，成为“十二生肖年”，如凡是含有“丑”的干支年就是“牛年”，这一年出生的人属“牛”；凡是含“子”的干支年，就是“鼠年”，这一年里出生的人都属“鼠”。以此类推。

干支是我国特有的时间记录系统，尽管在古代是人人皆知的常识，但究其起源，却仍然是一个谜。

## 古代官员的俸禄

俸禄是政府支付给官吏的报酬。俸禄与官吏相伴始终。进入文明时代，有了国家，就有了官吏；有了官吏，自然也就有了俸禄。但是，历朝历代官吏的俸禄有着不同的形式，而且俸禄的多寡也有着极大的差别。

大致说来，我国古代官吏的俸禄有三种形式：

1. 采邑或禄田。这是商周时期的俸禄形式。政府将邑或土地授给官员，官员收取其封邑或封地的租税作为生活来源。《国语・晋语四》“公食贡，大夫食邑，士食田”，即指此而言。“公”指诸侯，诸侯除了拥有“公田”以外，还收取卿大夫的贡赋，所以说“公食贡”。大夫和士则有“食邑”“食田”。由于公、大夫、士的身份是世袭的，他们的“食贡”“食邑”“食田”同样也是世袭的，这就形成了世卿世禄制。除了官员以外，供职政府的其他人员，如工商、皂隶等，则各按其职业获取衣食之源，这就是《国语・晋语四》所说的“工商食官，皂隶食职”。

2. 谷禄。这是春秋后期出现的俸禄形式。春秋后期，由于社会的发展，人口的繁衍，不少邦国渐无都邑、土地可封赐，遂出现了一批无“食邑”“食田”的低级贵族；而私人讲学之风的盛行，也培养了一批“学而优”的人才，这些人积极谋求仕进，希望得到一官半职，以解决生活来源。而这些人一旦入仕从政，政府不再给予采邑或禄田，而是量官职之大小给予谷物作为俸禄。《论语·泰伯》记孔子说：“三年学，不至于谷，不易得也。”意思是说。学习了三年，还没有做官获取谷禄的念头，是很难得的。《论语·宪问》又记孔子说：“邦有道，谷；邦无道，谷，耻也。”这是说：在邦有道、政治清明的时候，可以出来做官获取谷禄；在邦无道、政治黑暗的时候，不可以出来做官获取谷禄，否则，就是耻辱。这正说明当时实行的是谷禄制度。

谷禄制度自春秋后期开始实行，到战国时普遍推广开来，从秦汉到隋唐，一直是俸禄的主要形式。

3. 货币。始于汉代，起初只是谷禄制的辅助形式，后来随着商品经济的发展，货币在俸禄中所占的比重逐渐增大，到唐代开元年间，开始成为支付俸禄的主要形式，历宋元明清，大致相沿不变。

以上三种俸禄形式，从历史演变来看，有先有后，而且，从土地到谷物再到货币，也体现了历史的进步；另外，这三种俸禄形式在历朝历代又往往是并存的。一般来说，从秦汉以后，以土地作为俸禄，主要授予皇室贵族和有特殊功勋的官员，其余官员的俸禄则主要以谷物和货币形式支付，二者的比重随着时代的变化而有差异——唐代以前以谷物为主，唐代以后以货币为主。

# 三省六部制

三省六部制是西汉以后长期发展形成，至隋朝正式确立，唐朝进一步完善的一种政治制度，是封建社会的主要政治制度。

隋唐时，三省为中书省、门下省、尚书省，长官为宰相。中书省负责定旨出命，长官中书令二人；门下省掌封驳审议，长官侍中二人，中书省、门下省通过的诏敕，经皇帝裁定交尚书省贯彻；尚书省职责为执行，长官尚书令一人，副长官左、右仆射各一人。尚书省下辖吏、户、礼、兵、刑、工六部，分理各种征政事务，每部又领四司，计二十四司。三省长官共议国政，执宰相之职，他们议政的场所叫政事堂。由于尚书令位高权重，自隋以来，基本不设（隋炀帝曾封杨素为尚书令），加之唐太宗曾任此职，故唐朝不再授人以尚书令之职，由左、右仆射代领尚书省事，职为宰相。

在宋代，虽然三省名义上始终存在，但已混同为一省。再加上枢密院、三司的设立，宰相的军权、财权被剥夺，三省制名存实亡。

元代以中书省总领百官，与枢密院、御史台分掌政、军、监察三权，尚书省时置时废，门下省不复置。

明初不设中书令，仍以中书省统六部，长官为左右丞相。后废中书省与丞相，六部直接与皇帝对接，至此三省六部制彻底废止。

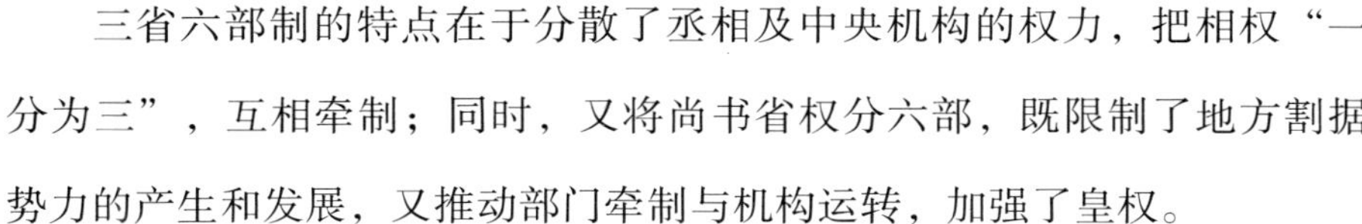

三省六部制的特点在于分散了丞相及中央机构的权力，把相权“一分为三”，互相牵制；同时，又将尚书省权分六部，既限制了地方割据势力的产生和发展，又推动部门牵制与机构运转，加强了皇权。

## 九品官人法

魏晋南北朝时期的选官制度。东汉末年，曹操当政时，提倡“唯才是举”。延康元年（220年），曹丕为了拉拢士族，由魏吏部尚书陈群制定九品官人法，将官员分为九个等级，其制：由朝廷选择“贤有时鉴”的中央官员，按照他们各自的籍贯，兼任本州本郡的“中正”，负责查访本地的士人，根据其家世、才德，对人物做出品定，称为“品”。品共分为九等，即上上、上中、上下、中上、中中、中下、下上、下中、下下，作为政府选用官吏的依据。这一制度创始于曹魏，发展成熟于两晋，衰落于南北朝时期，废除于隋朝，随之科举制形成。

## 八旗制度

清代以满族为主导的一种军事社会组织形式，先用于建州女真，渐推行到女真各部。明万历二十九年（1601年），努尔哈赤为适应满族社会发展的需要，在原有牛录制的基础上，参考猛安谋克制，初建黄、白、红、蓝四旗。明万历四十三年（1615年），因归附日众，增编镶黄、镶白、镶红、镶蓝四旗，共八旗。

八旗制度的特点是以旗统人，即以旗统兵。凡隶于八旗者皆可以为兵，他们“出则为兵，入则为民”“无事耕猎，有事征调”。清太宗时，又建立了蒙古八旗和汉军八旗，旗制与满洲八旗同。八旗由皇帝、诸王、贝勒控制，旗制终清未改。八旗初建时兼有行政管理、军事征伐和组织生产三项功能模式，与当时女真各部的社会经济基础是相适应的。它把分散的女真各部组织在旗下进行生产战斗，保证了统一战争的胜利，推动了女真社会经济的发展。清朝建立后，八旗制的生产意义日趋缩小，主要成为一种军事组织，用以加强对人民的控制。八旗兵共二十二万，一半驻守在北京附近，其余分驻奉天（沈阳）、吉林、成都等要地。八旗的行政机构，在某些地区仍和各级衙署州县并存。1911年，清王朝被推翻，八旗组织随之瓦解。

## 历代兵役制度

兵役制度是国家的重要军事制度之一，它随着国家的出现而产生，又随着国家的经济情况、政治制度和军事需要而变化。我国古代曾有过多种兵役制度。

### 民军制

夏、商、周时代，兵役寓于田制之中，有受田权利的成年男子，都有服兵役的义务，平时耕牧为民，战时出征为兵。西周时，规定每家出一人为“正卒”，随时准备出征，其余为“羡卒”，服后备兵役。军队的核心由王家和贵族子弟组成。

### 征兵制

秦始皇统一中国后，规定17岁至60岁的男子无论贵贱都必须服兵役两年。守卫京师一年称“正卒”，守卫边防一年称“戍卒”。西汉初年，规定年满20岁的男子都要在官府登记，从23岁起服兵役两年。一年在本郡服役，学习骑射，称“正卒”，一年守卫京师或屯田戍边，称“卫士”或“戍卒”。

### 府兵制

这一制度始于西魏，隋唐时逐渐完善。唐代的府兵建立在均田制基础上，男子20岁至60岁受田，都有服兵役的义务。府兵由设置在各地的军府管理，平时散居务农，农隙进行教练，还要轮番宿卫京师或戍守边防，战时奉命出征。战争结束后，“兵散于府，将归于朝”。府兵的社会地位较高，可免除赋役，征战有功者可得勋级，死亡后家属可受抚恤。

### 募兵制

北宋时，由朝廷直接管辖的禁军从全国各地招募；守卫各州的厢兵在本州范围内招募；守卫边境地区的番兵从当地少数民族中招募；保卫乡土的乡兵由各地按户籍抽调的壮丁组成。此外，还强迫囚徒当兵。士兵的社会地位降低。

### 世袭兵役制

早在三国、两晋时就实行过这种制度，把士兵之家列为军户，父死子继，兄终弟及，世代服兵役。元代初期，规定15岁以上、70岁以下的蒙古族男子“尽佥为兵”，后因兵源不足，又规定汉人20户出1兵，凡当过兵的“壮士及有力之家”都列为军户，世代为兵。明代，各卫所的军士，少数驻防，多数屯田，农时耕种，农隙训练，战时出征。军士之家列为军户，世代服兵役。清代的八旗兵也采用世袭兵役制，规定凡16岁以上的八旗子弟，“人尽为兵”，世代相袭。后又招募汉人当兵，称“绿营兵”。

## 太　尉

秦代设置的官名，最早见于《吕氏春秋》，为全国最高军事长官，与丞相、御史大夫并称为“三公”。西汉早期，设太尉官职多半和军事有关，故带有虚位性质，不同于丞相、御史大夫等官职。武帝时以贵戚为太尉，改变过去由力战武功之臣充任太尉的惯例，而又和丞相同等，这也和西汉早期有所差别。光武帝建武二十七年（51年），又将大司马改为太尉。东汉时，太尉实为丞相，与西汉早期掌武事的太尉名同而实异。每逢皇帝刚刚即位的时候，太尉与太傅同录尚书事，权位极重。后代的王朝或者不置，即使设置，也往往只限于大臣的加官，成为高级武官的尊称。元代以后，再未设置太尉一职。

## 御史大夫

御史大夫为秦代设置的官名，为丞相的副手，侍御史之长，负有监察百官的职责。西汉时，丞相、御史大夫并称，丞相府和御史大夫府合称“二府”。凡军国大计，皇帝常和丞相、御史共同议决。丞相位缺，一般都是由御史大夫直接升任。御史大夫和皇帝亲近，所以群臣奏事须由他向上转达，皇帝下诏书，则先下御史大夫，再达丞相、诸侯王，地方上的守、相，因而皇帝常常利用御史大夫督察和牵制丞相。成帝绥和元年（公元前8年），更名御史大夫为大司空。汉哀帝建平二年（公元前5年），复为御史大夫。元寿二年（公元前1年），又改名大司空。直到东汉延续不变。汉献帝时，曹操专权，又恢复了丞相和御史大夫的官制。值得重视的是，在西汉晚期，从原来的丞相、御史大夫、大司马变为三公并立，是汉代官制的一大变革。到了东汉初年，御史大夫的官属由御史中丞总领，故御史中丞替代御史大夫成为执法和监察机构的首脑人物。魏晋南北朝时，偶尔也恢复御史大夫的名称，或替代司空，或替代御史中丞。隋唐以后所设御史大夫，除宋代为虚衔外，均为御史台长官，已经不再具有汉魏时三公的地位。明代改御史大夫为都御史，自此其官遂废。

## 三公九卿

“三公”是对中国古代朝廷中最尊贵的三个官职的合称。西汉今文经学家以为“三公”指司马、司徒、司空，而古文经学家则以为太傅、太师、太保为“三公”。秦代设“三公”。西汉最初继承秦制，辅佐皇帝治国者主要是丞相和御史大夫，最高军事长官是太尉，但不常置。而从武帝时起，因为受到经学影响，丞相、御史大夫和太尉也被称为“三公”。

先秦文献中的九卿之说，秦代并没有这种制度，西汉初也不见九卿名称。也是武帝以后由于儒家思想的影响，人们就以秩（官的品级）为中二千石一类的高官附会为古代九卿（太常、光禄勋、太仆、廷尉、卫尉、大鸿胪、宗正、大司农、少府）。不过本来汉代的卿有十几种官，将九卿定为九种官职，始于王莽新朝，其制中以中二千石为卿。即以大司马司允、大司徒司直、大司空司若、羲和、作士、秩宗、典乐、共工、予虞为九卿，分属于“三公”。总而言之，三公只实行于两汉，并且权力一直在下落，曹魏重新恢复三公之制。在魏晋南北朝时期，“三公”依然位居极品，且可以开府置僚佐，但实权则进一步向尚书机构转移。至隋代，“三公”完全变成虚衔或优崇之位。宋代以后，往往亦称太师、太傅、太保为三公，但其虚衔性质不变，并渐次演化成加官、赠官。明、清同。

至于九卿，魏晋以后多同东汉之制，但是隋唐九卿虽然也为太常、光禄、卫尉、宗正、太仆、大理、鸿胪、司农、太府，却已无行政之权。南宋、金、元，九卿多有省并。明、清遂改以吏、户、礼、兵、刑、工六部尚书，都御史，大理寺卿，通政司合起来共称为九卿，以前的九卿之官或有保留，但已成为虚衔或加官、赠官。

## 大理寺

古代的最高法院叫大理寺，专门审理疑难刑狱案件。

秦朝的时候，官员任职的地方通称为寺，当时主要由廷尉掌管刑狱，审核各地的疑刑重案。南北朝时，正式确定了大理寺的官署名称。大理寺的来由，有着特定的意义：理，掌刑的意思，大理寺即是管理刑狱的官署。

作为司法机关的大理寺，主管复审大案，平反黎民百姓以及官吏的冤狱。大理寺地位至关重要，反映整个国家的法律执行状况。它的长官是大理寺卿，官居三品。大理寺卿手下还有不少的属员，历代也出了不少处事公正的官员，如唐代的张文瑾就是一个英明的法官，他任大理寺丞时执法严明，从不徇私舞弊，才十几天就处理了积压多年的四百多件疑难案件。他死后，连大理寺的囚徒都难受地号啕大哭。大理寺虽然宣扬平冤雪屈，可实际上还是要受当权者的操纵，并不能真正做到公正无私，如宋代抗金英雄岳飞，就是在大理寺被无辜地误判赐死。

## 洗　马

“洗马”，古代官名。“洗”并非读xǐ，而是通“先”，亦称“先马”。洗马并非洗刷马匹之意，也不是指马夫，而是在马前驰驱之意。秦汉时期，洗马为太子的侍从官，太子出则作为前导。晋代时其职责改为掌管图籍。南朝时洗马隶属于典经局，隋唐时则设司经局洗马一职，沿袭至清代。清代司经局所设之洗马用满汉各一人，从五品。在历史上许多名人都做过洗马之职，如魏徵曾做过太子李建成的洗马；清末重臣张之洞四十三岁时还只是一个洗马。

# 东厂、西厂

明成祖永乐皇帝在发动“靖难之役”夺取了侄子的皇位后，精神状态一直高度紧张，他迫切感到需要一个强有力的专制机构，可是设在宫外的锦衣卫使用起来毕竟不是很方便，于是决定建立一个新的机构。过去的经历使永乐皇帝一直觉得宦官比较可靠，所以便建立了一个由宦官掌领的侦缉机构，由于其地址位于东安门北侧（今王府井大街北部东厂胡同），因此被命名为东厂。起初，东厂只负责侦缉、抓人，但到了明朝末期，东厂也有了自己的监狱。东厂的侦缉范围非常广，听审、监视官员、查看文件，甚至连普通百姓的日常生活，比如柴米油盐的价格，也在东厂的侦察范围之内。而东厂所获得的情报可以直接向皇帝报告。东厂的番子每天在京城大街小巷里面活动，并非完全为了“公事”，更多的是为自己谋取私利。他们常罗织罪名，诬陷良民，之后就屈打成招，趁机敲诈勒索；到了明中后期，东厂的侦缉范围甚至扩大到了全国，使得举国上下人人自危，民不聊生。

至于西厂，则是明宪宗时为加强特务统治，于东厂之外增设的又一特务机构，并且其权力超过东厂，活动范围自京师遍及各地。后因遭到反对，被迫撤除。

# 锦衣卫

皇帝的侍卫机构。前身为明太祖朱元璋时所设御用拱卫司。明洪武二年（1369年）改设大内亲军都督府，明洪武十五年（1382年）设锦衣卫。朱元璋为了加强中央集权统治，特令其掌管刑狱，赋予巡察缉捕之特权，下设镇抚司，从事侦察、逮捕、审问活动，且可以不经过司法部门。设锦衣卫是著名的酷政。明代有许多朝廷官僚机构以外的直属皇帝的专设监察、刑狱系统，锦衣卫只是其中之一。这类系统自己有军队、有监狱，又直接向皇帝负责，基本上贯穿于整个明朝时期。锦衣卫的性质首先是“侍卫”，就是皇帝的亲兵；其次是“刑狱”，自己可以审判；再次是“密缉”，说明其有特务机构的性质。设立这一机构的直接原因是皇帝在处理朝中命官的时候（例如朱元璋遍杀功臣）可以更方便直接。提到厂卫（东厂、西厂、锦衣卫），人人都心惊胆战，而在其中，由于东厂厂主与皇帝的关系密切，又身处皇宫大内，更容易得到皇帝的信任，所以东厂和锦衣卫逐渐由平级变成了上下级关系，在宦官权倾朝野的年代，锦衣卫指挥使见了东厂首领甚至要下跪叩头。

## 军机处

军机处是清代辅佐皇帝的政务机构。任职者没有定员，一般由亲王、大学士、尚书、侍郎或京堂兼任，称为军机大臣，俗称大军机，其僚属称为军机章京，俗称小军机。军机大臣少则三四人，多则六七人，被称为“枢臣”。军机处职掌为秉承皇帝意志，处理军国要务及官员任免和一切重要奏章。值得注意的是，清军机处设有专门的档案房，有专职的保密人员管理这些档案，从而使军机处的保密工作做得非常好，为后代留下了许多难得的珍贵史料。可以说，军机处的设立是清代中枢机构的重大变革，标志着清代君主集权制发展到了顶点。

## 达鲁花赤

蒙古和元朝的官名，为所在地方、军队和官衙的最大监治长官。蒙古贵族征服许多其他民族和国家，无力单独进行统治，便委付当地的统治阶级人物治理，派出达鲁花赤监临，位于当地官员之上，掌握最后裁定的权力，以保障蒙古大汗和贵族的统治。元朝建立后，路、府、州、县和录事司等各级地方政府也都设置达鲁花赤，虽然品秩与路总管、府州县令尹相同，但实权大于这些官员。设在南方少数民族地区的长官司也设达鲁花赤，兼管军民的安抚司大都设有此职。而各投下分邑（指蒙古统治者分给诸王、公主和功臣贵族的封国）的达鲁花赤则由诸王、驸马委派自己的陪臣充任。至元二年（1265年），元代朝廷正式规定，各路达鲁花赤由蒙古人充任，总管由汉人充当，同知由回回人充当。之后汉人做达鲁花赤的便被解除官职。在缺少蒙古人时，这一职位允许由门第高贵的色目人充任。如此看来，此职的设置带有明显的民族歧视和压迫的性质。

## 五　刑

五刑有奴隶制五刑和封建制五刑之分：奴隶制五刑包括墨（在额头上刻字涂墨），劓（割鼻子），剕（也作腓，砍脚），宫（毁坏生殖器），大辟（死刑）。奴隶制五刑从夏代开始逐步确立，是五种野蛮的、不人道的、故意损伤受刑人肌体的刑罚。

进入封建社会后，从汉初的文帝、景帝废除肉刑开始，封建五刑产生。封建五刑分别为笞、杖、徒、流、死。封建制五刑最初在《北齐律》中作为刑罚体系得以体现，随后由唐朝律疏进一步完善，标志着中国刑罚制度的重大进步。隋代以后，五刑变为笞刑、杖刑、徒刑、流刑、死刑。封建五刑一直到清末才被废除。

# 察举与征辟

察举是汉代选拔官吏的一种制度。由丞相、列侯、刺史、守相等推荐，经过考核，任以官职，始于汉武帝时，其主要科目有孝廉、贤良文学、秀才、明经等，为汉代重要的出仕途径之一。定期的察举科目称为常科或岁举，如孝廉、秀才科；由皇帝不定期地下诏要求贡举的为特科或诏举，如贤良文学、明经、有道等科。察举的对象，既有平民，也有在任的吏员。应举者大多被授予官职，有的先授郎官，再调补他职。汉代的察举制度，实权掌握在公、卿、守（郡太守）、相（王国相）手中，所举的科目以德行为重，但这一标准难以掌握，考试又很不完善，故极易产生流弊。于是，魏晋以后，九品中正制代替了察举制。

征辟是汉代的选士制度，又称公府辟士。《说文》："徵，召也。从壬，从微省，壬微为徵，行于微而文达者即徵之。"皇帝不经荐举，直接招聘隐于民间而有声望的士人侍从左右，以备顾问，称为征。"三公"以下招布衣入仕，充当幕僚，称为辟。征辟制度实际上是我国战国时养士的遗风。汉代风尚，以能罗致天下名士为荣，世间人才也以此途作为出身入仕的捷径。这种选士制度始于西汉，盛于东汉，东汉的鸿都门学，就是这些应征者的集中场所。皇帝征辟的士人，多授予博士或侍诏的称号；公府辟除的人，一般称为掾吏。

## 孝　廉

汉代察举制的科目之一。“孝”指孝顺父母，“廉”指办事廉正，初为两科，后合称为孝廉。汉武帝元光元年（前134年），“初令郡国举‘孝’、‘廉’各一人”，是让郡国各举荐孝廉一人，此人或为孝子，或为廉吏。郡国岁举孝廉的制度从此确立。举孝廉者，多在郎署任职。东汉时，举孝廉为仕进的要途，实际上察举多为世族大家垄断，互相吹捧，弄虚作假，当时有童谣讽刺：“举秀才，不知书；举孝廉，父别居。”汉代以后，历代因之，隋唐只举秀才而不举孝廉，明清时俗称举人为孝廉。

## 贤良方正

“贤良方正”，贤良指才能、德行好，方正指正直，汉代选拔人才的科目之一，始于汉文帝。《史记·孝文本纪》：汉文帝下诏云“举贤良方正直言极谏者，以匡朕之不逮”。被举荐者对政治得失应直言极谏，如表现特别优秀，则授以官职。汉武帝时复诏举“贤良”或“贤良文学”。名称时有不同，性质无异。历代往往视作非常设之制科。唐宋沿用，设“贤良方正科”。清薛福成《应诏陈言疏》：“诚法圣祖、高宗遗意，特举制科，则非常之士，闻风兴起。其设科之名，或称‘博学鸿词’，或称‘贤良方正’，或称‘直言极谏’，应由部臣临时请旨定夺。”

## 古代的图书馆

图书馆藏书丰富、种类繁多，是我们阅读典籍、学习知识的好地方。我们国家设立图书馆的历史相当悠久，不过古代可没有图书馆这个名称，而是采用其他名称。

早在周代以前，人们就已经注意收藏书籍了。周代设有“盟府”这一机构，专门用于保存盟约、图籍、档案，应该算是图书馆的雏形。不过这些书籍主要是与王室有关的资料。

西汉的皇室也很重视收藏图书，开国之相萧何曾在宫内修建了石渠阁、天禄阁等机构，专门用来藏书，所以后代常以“石渠”“天禄”代指皇家图书馆。汉武帝也很重视保存典籍，他在皇宫内修建了专门收藏图书的馆舍“秘府”，并以官方命令在全国广泛地征集图书，将征集到的图书都储藏在“秘府”中。汉代还设有兰台、石室、麒麟阁等收藏图书。当时的人们充分考虑到保管图书的重要，专门用石块砌成藏书之所，这样可以防火防潮，更好地保存图书。因为汉代收藏图书的书柜用铜色包边，所以人们也常把存放图书的地方称为“金匮”。

汉代图书馆事业取得了显著成就，为后代皇家图书馆的发展奠定了基础。历朝历代都很重视图书收藏，宋代设有崇文院作为“图书馆”，还有天章阁、龙图阁等机构收藏皇帝的著述。明朝设立于南京的文渊阁是当时的皇家图书馆。清代的图书馆有了更大的发展。乾隆时编写的大型丛书《四库全书》就收藏在几个重要的图书馆内，如文渊阁、文津阁、文澜阁等。

除了皇家图书馆外，明清两代的私家图书馆也很发达。一些有名望的人常出资收罗古书，自行收藏于家庭图书馆。这些私人图书馆藏书数量、质量不可小觑，最有名的如明朝范钦的天一阁，享誉古今、天下知名。

图书馆的历史虽然悠久，可这些图书馆却并非服务于公众。皇家图书馆不是普通人可以随便进入的，而民间的收藏家爱书如命，他们的图书一般也不轻易示人。

最早使用图书馆之名的是修建于清光绪三十三年（1907年）的江南图书馆。这是一所具有公众性质的图书馆，开启了我国图书馆的新篇章。

## 学费为何称“束脩”

肉干的历史可算是非常悠久了。干在先秦时期就有“脯”“腊”等肉干，古人用肉干来祭奠祖先。天子祭祀时用九鼎，每个鼎中供奉的食物不一，肉干就是其中之一。

除了用肉干供奉祖先，还可以用它充当学资。古代的学费有个很文雅的名字，叫作“束脩”。脩就是指肉干，古时候把十条肉干叫作一束。束脩的意思就是十条肉干。给老师送束脩，可不是因为老师喜欢吃肉干。早在孔子的时候就已经有送十条肉干的礼俗了。孔子就曾说过：“学生要是送给我十条肉干，我没有不教诲他的。”古代平民的饮食没有今天丰富，所以像肉干之类的东西，虽然不贵重，但却是人们常用的馈赠礼物。比如，古代病人为了感谢医生看病，也有馈赠束脩的。

古代的“束脩”和现代牛肉干制作工艺不同，古代干肉就是把肉用水煮过后，再用盐裹了，放在屋檐下阴干。因为古代没有冰箱，人们想保存食物就常常把食物做成干，这样东西就不容易坏。

送束脩不是要表明物质的多少，而是表示学生对老师的尊敬。古代人非常尊重老师，给老师送“束脩”也代表了他们的尊师之意。而后来“束脩”的意思开始变化，成了学费的代称，肉干也变成了酬金。

古代肉干有多种原料，可以用猪肉、牛肉、鹿肉、羊肉等动物肉制作。

## 科举制度

科举制度始自隋文帝开皇七年（587年），终于清光绪三十一年（1905年），是封建统治者选拔官吏的制度。

明清时代，凡入学者必经童试，录取者为童生。再经“岁考”，录取者称“生员”，俗称“秀才”。

明清的科举主要分三级，即乡试、会试和殿试。

乡试（秋闱），三年一次（常在八月），在省城举行，应试者为秀才，录取者称“举人”，也叫“孝廉”，第一名称“解元”。

会试（春闱），乡试后次年春天（三月）在礼部举行，应试者为举人，录取者称“贡士”，第一名称“会元”。

殿试又叫“廷试”，由在会试后取得贡士资格的人参加，在京都保和殿由皇帝亲自主持考试，录取的称“进士”，第一名称“状元”，第二名称“榜眼”，第三名称“探花”。

## 科举四宴

鹿鸣宴、琼林宴、鹰扬宴、会武宴是科举制度形成后渐成成规的四宴。鹿鸣宴是为新科举子而设的宴会，起于唐代。因为宴会上要唱《诗经·小雅》中的“鹿鸣”之诗，所以取名鹿鸣宴。从唐至明清一直相沿。

琼林宴是为新科进士举行的宴会，起于宋代。“琼林”原为宋代名苑，在汴京（今开封）城西。宋徽宗政和二年（1112年）以前，皇帝都在琼林苑宴新及第的进士，因此，相沿通称为“琼林宴”，后一度改为闻喜宴，元明清三朝称恩荣宴。

鹰扬宴是武科乡试发榜后考官及考中武举者共同参加的宴会。所谓“鹰扬”，是取威武如鹰之飞扬的意思。

会武宴是武科殿试发榜后，在兵部举行的宴会，规模比鹰扬宴更大。

# 八股文

八股文，是一种文体的名称。这种文体是明清科举考试的时候常用的一种文体。八股文还有一些其他称呼，比如制艺、制义、时艺、时文、八比文等。“股”又称“比”，在文章中是对偶的意思。八股文的写作有严格的形式要求。在科举考试中，八股文的题目主要摘自四书、五经，文章的论说一定要以朱熹的《四书章句集注》为准，不得妄自发挥，阐述他意，这就是所谓的“代圣人立言”。文章要包括破题、承题、起讲、入手、起股、中股、后股、束股、大结等部分。一般说来，发端二句或三四句，谓之“破题”，以对句为多，意即将题目的意义破开。“承题”作四五句，承接破题的意义而再申述其意，以作说明。“起讲”就是议论的开始，常用“意谓”“且夫”“尝思”等开端，就是提出夫子为什么这么述说。“入手”为起讲后入手之处。起股、中股、后股、束股才正式论说题意。“大结”就是在篇末敷演圣人言毕，自述自己见解，或数十字或百余字。在这四股中，每股又都有两股排比对偶文字，合共八股，故名“八股文”。

八股文早在北宋时期已经发端。宋代王安石变法时，认为唐代科举多以诗赋取士，造成了士人的文章只重语辞浮华靡丽，不切合实用，于是就以测试经义为主，但是此时还没有形式要求。到了明代，对科举考试时写的文章就有了明确的文体要求，后来发展成为固定的模式。明清时期可谓是八股文的天下，参加科举之人非常注重学习八股文的写作，但也使得文章趋于程式，束缚了人的思想。直到清光绪末期，随着科举考试的停止，八股文也走向了衰亡。

## 书 院

唐末至五代期间，战乱频繁，官学衰败，许多读书人避居山林，模仿佛教禅林讲经制度创立书院，形成了中国封建社会特有的教育组织形式。书院是实施藏书、教学与研究三结合的高等教育机构。

唐玄宗于开元十一年（723年）诏置丽正书院，不仅聚文学之士在这里修书、侍讲，而且集中了当时全国著名的学者在这里写书、讲书。同时，书院中设有侍讲，专门为皇帝讲解经史。在宋代，程朱理学崛起后，讲学之风日炽，书院逐渐成为学派活动的场所，书院创办更加广泛，出现了庐山的白鹿洞书院、衡阳的石鼓书院、商丘的应天书院、长沙的岳麓书院和登封的嵩阳书院等著名书院。书院大多是自筹经费建造校舍。教学采取自学、共同讲习和教师指导相结合的形式进行，以自学为主。它的特点就是为了教育、培养人的学问和德性，而不是为了应试获取功名。

到了元代，各路、州、府都置有书院。明代书院发展到一千两百多所，私人出资的书院也很发达，有的是为了宣扬某种政治思想和学术思想，有的则是为了笼络一部分知识分子，达到某种政治目的。私立书院自由讲学、抨击时弊，成为思想舆论和政治活动场所，最著名的有江苏无锡的东林书院。

清代书院达两千余所，但官学化也达到了极点，大部分书院与官学无异。清代末叶，湖南、湖北两省的书院最为著名，如江汉书院、经心书院、江夏书院、晴川书院等。1890年，湖广总督张之洞创办了两湖书院。这是一所具有新式学校规模的书院，书院课程也增添了自然科学。到了光绪二十七年（1901年）诏令各省的书院改为大学堂，各府、厅、直隶州的书院改为中学堂，各州县的书院改为小学堂。至此书院退出了历史舞台。

历史上著名的四大书院是：

白鹿洞书院：在江西省庐山五老峰下的山谷中。唐朝时，喜养白鹿自娱的李渤在任江州刺史期间，于其隐居旧址建台，称白鹿洞。宋初扩建为书院，以后屡经兴废。朱熹、陆象山、王阳明等都曾在此建院或讲学。现存建筑为清道光年间所修，其中碑廊有碑百余块，刻有朱熹手制书院学规，历次修建文记及名人书法。

岳麓书院：在湖南省岳麓山东面山下，为北宋开宝九年（976年）潭州太守朱洞创建，天禧二年（1018年），真宗赐以“岳麓书院”门额。南宋理学家张栻、朱熹曾在此讲学，从学者千余人。现存建筑为清代所建，存有朱熹“忠孝廉节”四字石刻。

石鼓书院：在湖南省衡阳市北面的石鼓山。唐时李宽筑庐读书于此，宋至道三年（997年）建立书院，景祐二年（1035年），宋仁宗赐“石鼓书院”匾额。柳宗元、韩愈、范成大、朱熹、张载、文天祥、徐霞客、王夫之等都曾到此游览或讲学。今存明、清碑刻等文物，已辟为公园。

应天书院：原址在今河南省商丘县城，院址属应天府管辖，因以为名，亦称睢阳书院。最初为戚同文讲学之地。宋真宗大中祥符二年（1009年），曹诚就其地筑学舍150间，聚书1500余卷，广招学生，范仲淹曾来此任教。自元代以后，院址荒废。

# 第六章 古籍常识

# 《七略》

《七略》是我国第一部综合性的系统反映国家藏书的分类目录，又是我国最早的一部图书分类法，成书于公元前6年，是根据当时的国家藏书编制而成，作者为刘歆。《七略》是在刘向《别录》基础上摘取要点，编撰而成，比较简略，所以叫作“略”。它包括《辑略》《六艺略》《诸子略》《诗赋略》《兵书略》《数术略》《方技略》七部分，所以称《七略》。

《辑略》为说明其他六略的意义与学术源流，阐述六略的相互关系和六略的用途，是六略之总括，相当于全书的概要。《六艺略》包含易、书、诗、礼、乐、春秋、论语、孝经、小学九类图书。《诸子略》包含儒、道、阴阳、法、名、墨、纵横、杂、农、小说十家著作。《诗赋略》分屈原赋、陆贾赋、孙卿赋、杂赋、歌诗五种。《兵书略》分兵权谋、兵形势、兵阴阳、兵技巧四种。《数术略》分天文、历谱、五行、蓍筮、杂占、刑法六种。《方技略》分医经、经方、房中、神仙四种。以上六略共三十八种，即刘歆对当时书籍的分类。《七略》早已亡佚，但《汉书·艺文志》存有其目录，我们从中可窥见《七略》的概貌。

《七略》在中国目录学史上具有开创之功，它在校勘整理古籍的基础上创立了撰写叙录、总序、大序、小序等方法，著录了数万卷图书，实际上是一部古代文化史。

## 三洞四辅

三洞四辅是道教经书分部的总称。“三洞”指洞真部、洞神部、洞玄部。又分三乘，洞真为上乘，洞玄为中乘，洞神为下乘。“四辅”即太玄部、太平部、太清部、正一部。也就是说：三洞是经，四辅是对三洞经文的论述和补遗，太玄辅洞真，太平辅洞玄，太清辅洞神，正一部则为以上各部的补充。道教经书首由南朝宋道士陆修静于泰始年间编成《三洞四辅目录》，后宋代张君房和明代邵以正督校《道藏》，仍以三洞四辅分类，故三洞四辅成为道藏分类的代称。

## 三　藏

佛教书籍的分类方法。藏，本意为筐箧等容纳物件的用具，引申为“摄”，总摄一切所应知之意，即以谙诵之法而师徒口传。“三藏”指佛经中的经、律、论三个部分。经藏是佛亲口宣说阿难复述的佛法，也就是佛本人的言教；律藏是佛制定的戒律，戒律是佛针对僧团集体因时因地所做的纪律规定；论藏是僧人或菩萨对佛法的论述，就是对经、律两部分的要点进行阐释、解说。

有关“三藏”的顺序，到现在也没有定论。就三藏结集之先后而言，它的顺序为经、律、论；若就行修之顺序而言，为律、经、论。“三藏”各有不同作用，经藏用来解除疑问烦恼，律藏用来解除受用两方面烦恼，论藏用来解除自我固执带来的烦恼。

此外，藏传佛教把“三藏”同“三毒”相配，律藏可断除贪欲，经藏可断除嗔恚，论藏可断除愚痴。

## 正　史

正史，史籍类别之一。按照《四库全书总目》的说法，最早将“正史”作为史籍类名的是《隋书》。作为唐代的官修史书，《隋书》代表的是官方意见，也就是说，它是被官方认定的“正统”史籍。“正史”究竟有多少，历代说法不同，宋代有“十七史”；明代有“二十一史”；到了清代，乾隆皇帝钦定“二十四史”，即《史记》《汉书》《后汉书》《三国志》《晋书》《宋书》《南齐书》《梁书》《陈书》《魏书》《北齐书》《周书》《隋书》《南史》《北史》《旧唐书》《新唐书》《旧五代史》《新五代史》《宋史》《辽史》《金史》《元史》《明史》。北洋政府时又增《新元史》为“正史”，于是又有“二十五史”一说。至近代，《清史稿》也被加入。由于内容在不断变化，以致有人感叹道：“一部二十四史不知从何说起。”在如上“正史”中，除了《史记》《南史》《北史》为通史外，其余为断代史，以纪传体的方式行文。在纷纭的各类史籍中，“正史”的内容相对最为可靠，虽然其中不乏曲笔或隐讳，但权威性最高，原因是它成文依据的材料是最为原始、全面的。除此之外，编修“正史”的学者多是当时一流的专家，这使“正史”有了质量上的保障。另外值得一说的是，唐代以后的“正史”多为官方修订，并多由当朝宰相（或其他当权者）挂名，负责对一些敏感问题定夺、拍板，这亦是统治者操纵史笔的一种方式。

## 杂　史

杂史，史籍类别之一。“杂史”，顾名思义，收录的内容非常驳杂，不仅形式杂，内容也杂，如先秦两汉时期的史籍《国语》《战国策》《逸周书》《竹书纪年》《穆天子传》《山海经》《列女传》《风俗通义》，科技史籍《齐民要术》《农政全书》《天工开物》，学术类史籍《宋元学案》《明儒学案》《汉学师承记》，传记史籍《高僧传》《碑传集》，地里方志类史籍《水经注》《大唐西域记》《大清一统志》《四川通志》等，都可归入“杂史”。其他如笔记、考辨及各种类书、目录书等，也都被收录进“杂史”。

“杂史”大多为私家撰述，偶尔也有官修的。其体例没有“正史”严谨、系统，多掌故性质，有闻辄录，忌讳较少。正因如此，“杂史”才保存下了许多珍贵的史实旧闻，成为今天难得的史料。

## 别　史

别史，史籍类别之一。是官定“正史”之外有体例、系统、组织的史书典籍。一般来说，“别史”与“正史”的区分，在于是否经过官方认定。最容易混淆的是“别史”与“杂史”。近人张之洞在《书目答问》中，以“关系一朝大政者入别史，私家记录中多碎事者入杂史”作为两者的区分。该分法基本上被学界认可。记录“正史”的体裁只限于纪传体，而“别史”则形形色色，有纪传体，如《续汉书》；有编年体，如《资治通鉴》；有典志体，如《通典》《通志》；有纪事本末体，如《宋史纪事本末》；有实录体，如《明实录》《清实录》；还有会要体，如《唐会要》《宋会要》等，种类繁多。由此可见，“别史”无论从内容，还是行文体裁，都比“正史”丰富，其史学价值是很高的。

## 野　史

野史，即古代私家撰写的杂史。是一种口语化的称谓，不属于目录学上的标准分类。之所以称“野史”，主要是针对官方钦定的“正史”

而言，就内容来说，多为作者道听途说或耳闻目睹的一些逸闻趣事，文字多涉历史掌故。“野史”并不都是信史，传疑传信，风格有的近于“小说家言”，因此又有“稗官野史”一称。由于其为私家撰述，少有忌讳，所以很多人们在“正史”中难得一见的事件，在“野史”中往往可以寻到蛛丝马迹，甚至详细描述，如宋太祖“烛影斧声”之谜，明清两代的“文字狱”，雍正帝的死因等，可供后人参考、分析。相对于“正史”“别史”的正襟危坐，“野史”能够让人们更多地看到有关官场、宫闱的秘闻，社会生活的细枝末节，风土人情的变迁及生活中的悲欢离合，形形色色，不一而足。

“野史”，是今人了解过去的一扇重要窗口。鲁迅先生就对“野史”非常看重，他甚至认为，要想真正了解中国的历史，就必须多读历代“野史”，对“正史”则不能完全听信。简而言之，“野史”的价值不菲，它为后世读者提供了另一种解读历史的角度。

## 纪传体

纪传体，记录“正史”所用的体裁。“纪”指“帝王本纪”，主述帝王事迹。“传”指“列传”，叙述人臣事迹。纪传体，就是以人物为记述中心，从而展现一代或历代历史的体裁，由西汉司马迁始创。

司马迁著《史记》，将先秦史籍如《禹本纪》《尚书》《周谱》《世家》《穆天子传》《帝王诸侯世谱》等所采用的各色体裁熔冶一炉，成“本纪”“表”“书”“世家”“列传”五大部分，记载从五帝至西汉武帝时期的一段通史。

对于《史记》所采用的纪传体，清代史学家赵翼曾评说：“司马迁参酌古今，发凡起例，创为全史。本纪以序帝王，世家以记侯国，十表以系时事，八书以详制度，列传以志人物。然后一代君臣政事，贤否得失，总汇于一编之中。自此例一定，历代作史者，遂不能出其范围，信史家之极则也。”具体来说，“本纪”，以历代帝王为中心，为全书的总纲，按时间记录帝王事迹，实际上也是编年的全国大事记；“表”，谱列帝王、诸侯、贵族、将相大臣的世系、爵位及相关的政迹；“书”，以事件为纲，记载经济、水利、天文、地理、礼乐、律法等具体情况和典章制度；“世家”，记载诸侯列国和有特殊地位及影响的历史人物，如孔子、陈涉（即陈胜）等；“列传”，有专传和类传之分，记载历代名人、三教九流的事迹及异族他国的一些概况。“列传”收录庞杂，被认为是后代史书《四夷传》和《外国传》的滥觞之作。

以后出现的《汉书》《后汉书》等，基本都沿用了《史记》的体例（《汉书》稍作修改，将“本纪”改称“纪”，“列传”改称“传”，“书”改称“志”，“世家”不录，从而形成了“纪”“传”“表”“志”四位一体的结构）。

# 编年体

编年体是我国古代史书体裁之一。它以年代来编排史事，故称“编年体”。它是最早存在的史书体裁，先秦史籍使用的就是这种体裁。

《春秋》是我国传世最早的编年体史书，它以年月日来记录、编排史事。另外一部先秦史籍《竹书纪年》使用的也是编年体。此后如汉代荀悦的《（前）汉纪》、晋代袁宏的《后汉纪》、宋代司马光的《资治通鉴》，都是编年体。此外，历代实录、起居注使用的也是这种体裁。

编年体是以时间为线索叙事的方式，最为贴近历史事件本身发生、发展的规律，所以此类史书能从时间上展现给人完整的历史面貌，线索分明。但这种体裁由于同一时间既要叙述此事，又要叙述彼事，一时间千头万绪，势必打断某一事件的连续性，造成事件前后割裂、首尾不连贯，甚至支离破碎。此外，这种体裁也难以把人物的生平事迹和典章制度的来龙去脉原原本本地叙述清楚。

# 纪事本末体

纪事本末体，历代“别史”所采用的体裁之一。其以历史事件为纲，记事前后连贯，条理分明，由南宋袁枢始创。

谈纪事本末体，必要提及北宋司马光的《资治通鉴》。《资治通鉴》以编年体的形式，叙述了从周威烈王二十三年（公元前403年）至后周显德六年（公元959年）的历史，规模宏大、卷帙浩繁。关于一件史事的记载往往“隔越数卷，首尾难稽”，读者难以看完一件事的本末。《资治通鉴》成书以后，就连司马光本人也不无遗憾地说：“修《通鉴》成，惟王胜之借一读，他人读未尽一纸，已欠伸思睡矣。”可见其不足非常明显。到了南宋，袁枢突发奇想，将《资治通鉴》按年记载之事，摘抄在一起，自成一个单元，这样就将编年体的《资治通鉴》改编为以239个事件为中心的《通鉴纪事本末》，如秦灭六国、豪杰亡秦、高帝灭楚、三家分晋、匈奴和亲等，各事件均从始至终，连贯而有条理。袁枢一时的突发奇想、剪裁拼凑，不意竟开创了一个全新的体裁编纂模式：纪事本末体。它最大的优点是将繁杂的历史做了归纳、整合，将陈述治乱兴衰的《资治通鉴》故事化、人性化，非常契合读者的阅读习惯，因此《通鉴纪事本末》一成书，立即广为流传。此后，这一全新的体裁发展得蔚为大观，陆续有《左传纪事本末》《宋史纪事本末》《元史纪事本末》《西夏纪事本末》《辽史纪事本末》《金史纪事本末》《明史纪事本末》《清史纪事本末》等问世。也就是说，从袁枢之后，中国几千年的历史，都有了“纪事本末”版。

## 典志体

典志体，也称“政书体”，是以典章制度为中心的史籍体裁之一。在东汉以前（含东汉），有很多非独立成书的典章制度专史，如《史记》中有“八书”：《礼书》《乐书》《律书》《历书》《天官书》《封禅书》《河渠书》《平准书》，较系统地记述了汉武帝之前历代典章制度的概况。《汉书》中则有“十志”：《律历志》《礼乐志》《刑法志》《食货志》《郊祀志》《天文志》《五行志》《地理志》《沟洫志》《艺文志》，较之《史记》的记录更加丰富。

东汉以后，与典章制度有关的专史开始出现，如《汉官仪》（应劭）、《汉旧仪》（卫宏）、《皇典》（丘仲孚）、《政礼》（何胤）等。到了唐代，编纂之风一度盛行，典志书籍如雨后春笋，像《唐六典》（李林甫）、《稽典》（唐颖）、《太宗政典》（李延寿）、《通典》（杜佑）等，都为典章制度专史。其中，《通典》的意义非同一般，它创立了一种全新的史籍编纂体裁，即“典志体”，也是我国第一部通史式的典章制度专史，其上起传说中的黄帝，下迄唐代宗，跨越千余年。

到了南宋时，学者郑樵则别出心裁，编纂了一部纪传体的《通史》（后改名《通志》）。《通志》并非典章制度专史，但后世史家亦颇为看重，将其与《通典》及元代的《文献通考》并称”三通”。到了清朝乾隆年间，朝廷还特设“三通馆”，组织学者续编“三通”，先后成书《续通典》《续通志》《续文献通考》（简称“续三通”）、《清通典》《清通志》《清文献通考》（简称“清朝三通”）。原“三通”加上此“六通”再加上民国时刘锦藻的《清朝续文献通考》，我们今天能看到的共有“十通”。这些典志体史书是今人了解古代典章制度及其演变必不可少的资料。

## 会要体

会要体，典志史籍的体裁之一，是汇聚朝廷典章制度之要的断代专史（或是典志体的断代专史），始创于唐德宗年间。《旧唐书·苏冕传》载：“（苏）冕缵国朝政事，撰《会要》四十卷，行于时。”苏冕编纂的《会要》，从唐高宗叙至唐代宗，共历九朝。到唐宣宗时，崔铉等人又修撰《续会要》40卷，增添了唐德宗至唐宣宗共七朝的事迹。北宋初，学者王溥在前代两部会要的基础上，新编《唐会要》100卷，后又编成《五代会要》。“会要体”更趋完善。宋代之后，每个朝代都要组织人力编修本朝的“会要”，如《宋会要》《元经世大典》《明会典》《清会典》等。除了官方修纂外，也有学者根据前代的史书和文献，私修各代“会要”，如南宋的《西汉会要》《东汉会要》（徐天麟纂），明代的《七国考》（董说纂），清代的《春秋会要》（姚彦渠纂）、《秦会要》（孙楷纂）、《三国会要》（杨晨纂）、《西晋会要》（朱铭盘纂）和《南朝会要》（朱铭盘纂）等。由于修纂会要之风盛行，至清代，各朝“会要”已基本齐备。从内容来说，“会要”之书一般分十五个左右的大门类，下系百余子条目，载有政治、经济、军事、外交、法律、教育、礼乐、文化等各方面的制度及沿革概况，其功用类似于工具书和汇编类书籍，是后人研究古代典章制度的重要参考。

## 学案体

学案体，记述学术源流的史书体裁，始创于明末清初。黄宗羲、全祖望等撰著《明儒学案》《宋元学案》即为学案体代表作。学案体史书实为学术思想史专著，也是继编年体、纪传体、纪事本末体、典志体等主要史书体裁之后出现的又一新的史书体裁。其体例为：每学案前先设一表，备举师友弟子，标明学派渊源及传授系统。每一案主均立小传，叙其生平概况及学术宗旨。对案主学术论著，均一一注明出处，材料采选颇为广泛，为深入研讨其学术思想提供方便。案主小传后，另有附录，载其遗闻轶事，亦附时人及后学之评论，备录其短长得失，以供后学自行判断，为后学研究断代或历代学术思想史及沿革，提供了翔实可靠的文献资料。

# 起居注

起居注是古代记载帝王言行、兼记朝政大事的日记体史册。它是一种完全纪实的记录册，算不上史书。

起居注的源头可以上溯到周代，当时史官对天子言行的记录就类似于起居注。起居注拥有正式名称始于汉代。据传西汉武帝时有《禁中起居注》（已被证明是伪书），东汉明德马皇后自撰有《明帝起居注》，但都是由内官写成的。魏晋以后，开始设立专官记注，以后历代沿袭。不过，历代起居注大多已经散佚，留传下来的只有唐初温大雅的《大唐创业起居注》，以及明代的一些零散片断。只有清代的保存较为完整，今存10000余册，起于康熙十年（1671年）九月，迄于宣统二年（1910年）十二月（中间亦有散佚）。

起居注是当时人记当时事，且有相应的规制保证记注无遗，所载史实一般翔实可靠，是纂修实录和正史的原始材料，具有重要的史料价值。帝王逝去后，史官即根据“起居注”编纂成“实录”。即使在当时，“起居注”由于事关皇帝的点滴言行，也是被严格收藏的。这样做，无非是想保证“起居注”的真实性，还原历史的本来面目。

“起居注”原则上是不能给皇帝看的，但因涉及皇帝的言行，总有皇帝想打破这一原则。《资治通鉴》上曾记了这样一件事。唐太宗时，负责撰写“起居注”的官员是褚遂良。有一次，唐太宗很想看“起居注”，就对褚遂良说：“卿犹知‘起居注’，所书可得而观乎？”褚遂良立即拒绝：“史官书人君言动，备记善恶，庶几人君不敢为非，未闻自取而观之也。”唐太宗又问：“朕有不善，卿亦记之耶？”褚遂良答道：“臣职当载笔，不敢不记。”

到了宋代以后，“起居注”就必得经皇帝本人过目才行。由此，史官的忌讳越来越多，行事谨小慎微，不敢有闻必录，只是采录敕旨，“起居注”的真实性也就随之大打折扣了。

## 实　录

实录是我国古代记载皇帝在位期间重要史实的资料性史书，其体裁也称“实录体”。它按时间编年记录，因此也属于编年体史书，一般以所记皇帝的谥号或庙号为书名标志，如唐《顺宗实录》、清《世祖章皇帝实录》。也有以王朝命名的合刊本，如《明实录》《清实录》。

实录体史书在南北朝时期已经形成。《隋书·经籍志》卷二就著录有周兴嗣编纂的《梁皇帝实录》，记载了南朝梁武帝时史事，但未能流传下来。唐代以后，实录均由官修，前一位皇帝去世，即由新皇帝诏令史臣撰修先皇实录。此后历代相沿，成为定制，而且愈来愈详尽。至清末，历代各朝共纂修实录达110余部。可惜大多已经失传，今天所能见到的只有明清两代的全部，此前所存极少。

实录为一朝官方史料的总汇，具有较高的史料价值。由于根据档案及起居注等原始资料编纂，所记历史事件在人物、时间、地点及主要情节方面大都有史实根据，比较可信。不过，由于皇室时有重修乃至篡改（尤其是清前期）之事，故实录也有不实之处。实录修成后，草稿焚毁，抄本一般藏在宫禁之中，秘而不宣，只有朝廷敕修史书时，史臣们才能阅览使用，且不能带出、传抄。

## 方　志

方志是一种传统的史地类书籍，也叫地志、地方志、志书。它以地区为主，综合记录该地自然和社会方面的有关历史与现状。此外，专门记载名山大川、城池都邑、寺庙宫观、名胜古迹、风土人情的书籍，也可以归入此类之中。按传统的分类法，此类书籍归史部。

方志起源很早，《周礼·春官》就有“外史”“掌四方之志”的说法。方志起源于古地理书，如《山海经》《禹贡》。秦汉魏晋南北朝时期是方志的形成阶段，内容侧重于地理方面，名称多为“地志”“志记”，现存第一部比较完整的方志书《越绝书》（相传为东汉袁康所撰），就出现在这个时期。此后各代修志日多，至清时达到全盛。

我国地方志数量庞大，种类繁多，就所写地域范围而言，可分为全国性总志和地区性方志两类；而后一类除省志（一般称“通志”）、府志、县志之外，还有更小行政区划的乡村镇志、里坊志，专门行政

（或军事、经济）单位的志书，如卫所司志、边关志、盐井志等，也属此类。

# 类　书

类书，即分类编排各种资料以供检索之用的工具书，与近代的百科全书类似，分若干部，如天文、地理、职官、帝王、服饰等，下设若干子目，如“天”部之下又细分日、月、星、云、雾、雨、雷等。每个子目下都有依次罗列的古书中的各种资料。

我国的类书起源很早，早在三国曹魏时，魏文帝曹丕即召集群儒编排《皇览》，被誉为“类书”的滥觞之作。此后，编纂类书蔚然成风，如南北朝时的《古今注》（崔豹纂）、《集林》（刘义庆纂）、《四部要略》（萧子良纂）、《类苑》（刘孝标纂）等，可惜多已失传。唐宋以后，官方编纂类书成为惯例，留下了诸如《艺文类聚》《初学记》《太平御览》《太平广记》《册府元龟》《永乐大典》《古今图书集成》等熠熠生辉的名著。值得一提的是，官方编纂类书一般都是在开国之初，这与在政治上拉拢、安抚前朝旧臣有很大关系：士大夫往往有编书情结，朝廷则正好将这些影响颇大的饱学之士搜罗在自己身旁，为己所用。抛开统治者的种种盘算，类书的功用是非常实在的，比如人们想查某一个掌故，只要翻开对应的丛书，检索到词条，就可以看到相关的种种记载，很丰富，也很方便，因此颇受古代学者钟爱。

# 丛　书

丛书，即将独立的著作汇刻或汇编成集。“丛书”之名，最早出现于明代。现今发现最早的丛书，是南宋宁宗嘉泰元年（1201年）编刻的《儒学警悟》，收宋人著作六种。丛书在清代最为兴盛，除了官修的《四库全书》外，私家汇刻的各种丛书也极其丰富，专门性的丛书如《十三经注疏》《宋六十名家词》《二十四史》等，综合性的丛书如《知不足斋丛书》等，以区域划分的丛书如《畿辅丛书》《安徽丛书》等，以朝代为限的丛书如《汉魏丛书》《唐宋丛书》等，以个人著作汇编而成的丛书如《船山遗书》（王夫之）、《章氏遗书》（章学诚）等。到了民国时，汇刻的古籍丛书仍然很多，如《四部丛刊》《四部备要》《丛书集成初编》等。

丛书有其绝佳的好处，首先它给学者提供了阅览的方便，另外使很多古籍善本得以完存。比如说，汉魏的古书，唐宋的野史、杂著，明清的别集、笔记，有的没有单行本，有的虽有却早已失传，十分稀有；而另外一些篇幅短小或尚未完成的作品，很难单独刊印，但有了丛书之后，它们夹杂其间，得以保存下来。目前，我国尚存的各类古籍丛书有2790多种，历经岁月洗礼，弥足珍贵，为后人研究古典文化提供了宝贵的资源。

# 校勘四法

著名史学家陈垣在《校勘学释例》中第一次用近代科学方法对传统校勘学做了总结，归纳了古籍致误的通例，提出“对校”、“本校”、“他校”和“理校”四法，以四法校版本、核异同、辨真伪、定是非，四者互相联系，各有长短，须综合运用，便能取长补短。

对校法也称为“版本校”，是最基本的校勘方法，它是在广泛搜集同一书籍的不同版本的基础上，从中选择一个错误较少的版本作为底本，再用其他版本进行校勘，从而发现并改正书面材料错误。本校法是一种用本书校本书的校勘方法，通过前后文字的对照，比较分析其异同，从而找出其中的错误并加以改正。他校法是用其他文献中的引文及相关文字来校勘的方法。理校法运用推理的方法进行校勘。我们发现了书面材料中的确存在着错误，可是又没有足够的资料可供比勘时，就可以运用分析、类比、综合等手段，据理推断文献中的错误。

# 雕版印刷

我国最早出现的印刷形式。雕版印刷的过程是这样的：先将文字、图像雕刻在平整的木板上，再在版面上刷上油墨，然后在上面覆上纸张，用干净的刷子轻轻地刷过，使印版上的图文清晰地转印到纸张上。雕版在我国古代有各种各样的叫法，常见的有“镂版”“刻版”“梓版”等，通常所用的雕版材料主要选用纹理较细又坚硬的木材，如枣木、梨木、梓木、黄杨木等。所以雕版印刷有时也称“付梓”或“梓行”等。在古代的出版、印刷的文献中，往往是“版”“板”通用，较多的则是运用“板”字。到了清代，才普遍使用“版”字。现存最早的雕版印刷品是公元868年的《金刚经》，现存于大英博物馆。

雕版印书约始于唐代，至宋代大盛。当时的浙江杭州、福建建阳、四川眉山等地都是刻书的中心，分官刊、家刻、坊刻三种。刻书时，选用工于书法的人缮写，字体既美，校刻也精。由于他们多是根据隋、唐写（抄）本刊刻的，比以后的明清翻刻本更接近于原书，而且很少，甚至没有经过后人臆改，因而更多地保存了原书的本来面目，比如宋黄善夫本《史记三家注》、宋本《资治通鉴》都可以用来校正后世刻本的错误。由于战乱等原因，宋版书传世很少，所以宋本极其珍贵，为后世所重，如明清刻本书每页一铜钱，宋本书每页要用黄金来计算。藏书家也多以拥有宋本书为荣，黄丕烈把自己的藏书楼叫“百宋一廛”，而陆心源称自己的藏书楼为“皕宋楼”，夸耀藏有宋版书二百部，以傲视黄丕烈的“百宋”。

## 善　本

善本最初指经过严格校勘、无讹文脱字的刻本。印刷术产生前，把原稿或别本认真缮写下来，经过与原文校核无误，就称为善本。唐代以后，雕版印刷盛行，善本的内涵也比原来更扩大了，往往指校勘严密、刻印精美的古籍，包括刻印较早、流传较少的各类古籍。张之洞在《书目答问》中认为，所谓的善本之义有三：一是足本，无阙卷，无删削；二是精本，即精校精注；三是旧本，包括旧刻、旧抄。清末藏书家丁丙对善本也提出了四条标准：一是旧刻；二是精本；三是旧抄；四是旧校。现在通用的善本有“三性”“九条”说。“三性”指书籍应具备较高的历史文物性、学术资料性和艺术代表性。“九条”主要包括：元代及元代以前刻印抄写的图书；明代刻、抄写的图书；清代乾隆以前流传较少的刻本、抄本；太平天国及历代农民革命政权所刊印的图书；辛亥革命前，在学术研究上有独到见解，或有学派特点，或集众说较有系统的稿本以及流传很少的刻本、抄本；辛亥革命前，反映某一时期、某一领域或某一事件资料方面的稿本以及流传很少的刻本、抄本；辛亥革命前的名人学者批校、题跋或过录前人批校而有参考价值的印本、抄本；

在印刷术上能反映古代印刷术发展，代表一定时期技术水平的各种活字印本、套印本或有精校版画、插画的刻本；明代的印谱、清代的集古印谱、名家篆刻印谱的钤印本，有特色的亲笔题记等。

## 百衲本

百衲本，是指用同一种书的不同版片拼印或用一种书的不同版本拼配起来的刻本。衲，原义补缀。百衲，指用零星材料集成一套完整的东西。百衲本始出于清初的宋荦，他用两种宋本、三种元本，配置成《史记》八十卷，称为《百衲本史记》。傅增湘用几种宋本拼配了《资治通鉴》，称为《百衲本资治通鉴》。民国时期，商务印书馆曾汇集不同版本的史书，拼配了一部《二十四史》，称为《百衲本二十四史》，最为人所熟知。

## 内府本

唐代有内府之役，它是指划归五府三卫和东宫三府三卫管辖的折冲府，下设几个监分管内廷庶务。内府本，并不是专指由内务府各监所刻的书本。现在一般指中央各部院衙署和内廷各部门所刻的书本，或指官刻本中属中央国家机关所刻的那一部分书。

## 十三经

十三经是指由汉朝的五经逐渐发展而来的，最终形成于南宋的十三部儒家经典。

《十三经》是儒家文化的基本著作，《易》《诗》《书》《礼》《春秋》是“经”，《左传》《公羊传》《穀梁传》属于《春秋》的“传”，《礼记》《孝经》《论语》《孟子》均为“记”，《尔雅》则是汉代经师的训诂著作。这十三种文献，“经”地位最高，“传”“记”次之，《尔雅》又次之。清阮元刻《十三经注疏》，《十三经》的尊崇地位更加深入人心。了解和研究中国社会必须阅读《十三经》。

## 二十四史

二十四史是对我国古代二十四部正史的总称，总共3213卷，约4000万字。它记叙的时间，从《史记》传说中的黄帝起，到《明史》的1644年止，前后历时四千多年，用统一的本纪、列传的纪传体编写。二十四史的内容非常丰富，记载了历代经济、政治、文化艺术和科学技术等各个方面。清朝乾隆年间武英殿刻印的《钦定二十四史》，是中国古代正史最完整的一次大规模汇刻。

二十四史分别是：《史记》（汉·司马迁）、《汉书》（汉·班固）、《后汉书》（南北朝·范晔、司马彪）、《三国志》（晋·陈寿）、《晋书》（唐·房玄龄等）、《宋书》（南朝梁·沈约）、《南齐书》（南朝梁·萧子显）、《梁书》（唐·姚思廉）、《陈书》（唐·姚思廉）、《魏书》（北齐·魏收）、《北齐书》（唐·李百药）、《周书》（唐·令狐德棻等）、《隋书》（唐·魏徵等）、《南史》（唐·李延寿）、《北史》（唐·李延寿）、《旧唐书》（后晋·刘昫等）、《新唐书》（宋·欧阳修、宋祁）、《旧五代史》（宋·薛居正等）、《新五代史》（宋·欧阳修）、《宋史》（元·脱脱等）、《辽史》（元·脱脱等）、《金史》（元·脱脱等）、《元史》（明·宋濂等）、《明史》（清·张廷玉等）。

## 《二十二子》

先秦至魏晋二十二部子书的合称，包括《老子》《庄子》《管子》《列子》《墨子》《荀子》《尸子》《孙子》《孔子集语》《晏子春秋》《吕氏春秋》《贾谊新书》《春秋繁露》《扬子法言》《文子缵义》《黄帝内经》《竹书纪年统笺》《商君书》《韩非子》《淮南子》

《文中子中说》《山海经》。它集中保存了我国丰富的思想、文化及学术资料，代表了历代研究诸子书的学术成果。

清光绪初年由浙江书局辑刊的《二十二子》，注重吸收历代学者，尤其是清代诸家整理和研究诸子书的成果，汇编了历代刊本中较有代表性的精校、精注本，有些子书还附录了有关参考资料。该书选目精当，刻印尤善，在这一时期所出版的诸子书汇刻本中，堪称上乘之作。

## 《永乐大典》

成书于明代初期的《永乐大典》，是我国古代最大的一部类书，也是我国历史上最大的一部百科全书。

永乐元年（1403年），明成祖朱棣命翰林院侍读学士解缙等人，组织编纂一部便于查索的大型类书。第二年，解缙等人编出《文献大成》，朱棣认为过于简略，又于1405年组织人力重修。这次参加编纂、缮写工作的官员、文士多达2169人，至永乐六年（1408年）冬全部完成，朱棣将该书定名为《永乐大典》（以下简称《大典》）。

《大典》辑有上古至明初的图书七八千种，包括经、史、子、集、释藏、道经、医药、戏剧、平话、工技、农艺等著作，汇集了当时的天下群书。全书计有22877卷，是一部规模宏大，内容极为丰富的煌煌巨制。《大典》的编排体例以《洪武正韵》为纲，按韵分列单字。天文、地理、人事、名物、诗文词曲、奇闻异见等，都随字收载。尤其值得称道的是，当时规定，对所辑入的书不准删改，必须照原著整部、整篇、整段地编入，因此《大典》保存了我国宋元以前大量的珍籍。

《大典》编成后，只缮写了一部。朱棣从南京迁都北京后，《大典》也被运至北京。由于卷帙过多，此书始终未能刻版付印，直到明嘉靖末年，才照原本摹写了一部作为副本。《大典》的正本约于明亡之际被焚毁，副本在清朝前期由皇家档案库移至翰林院藏存。乾隆年间纂修《四库全书》时，由于官吏们的偷盗，《大典》缺失了2400多卷。1900年八国联军攻陷北京后，《大典》惨遭浩劫，部分被烧毁，部分被抢走，仅剩64册。这部出类拔萃的文化典籍遭到如此摧残，是我国文化史上无法估量的损失。

新中国成立后，经多方努力，到1959年为止，已搜集《永乐大典》215册，加上复制本等，共730卷，1960年由中华书局影印出版。虽然这730卷只是原书的3%，但其中仍然保存了不少珍贵资料。

## 《四库全书》与七阁

浩如烟海的中华文化典籍是世界文明历史上最博大、最宏伟的宝藏之一。二百多年前创修的《四库全书》可以称为中华传统文化最丰富最完备的集成之作。中国的文、史、哲、理、工、医，几乎所有的学科都能够从中找到它的源头和血脉，几乎所有关于中国的学科都能从这里找到它生存发展的泥土和营养。从成书之日始，《四库全书》作为封建国家正统、民族根基的象征，便成为中国封建社会读书人安身立命梦寐以求的圭臬和封建王朝维系统治弘扬大业的“传国之宝”。

《四库全书》分为经、史、子、集四部，共收书3460多种、79000多卷、36000多册。

经部：易、书、诗、礼、春秋、孝经、五经总义、四书、乐、小学。

史部：正史、编年、纪事本末、别史、杂史、诏令奏议、传记、史抄、载记、时令、地理、职官、政书、目录、史评、汇编。

子部：儒家、兵家、法家、农家、医家、天文算法、术数、艺术、谱录、杂家、类书、小说家、释家、道家。

集部：楚辞、别集、总集、诗文评、词曲。

为了保存这批经典文献，乾隆帝“御批监制”，从全国征集了3800多名文人学士，集中在京城，历时十年，用工整的正楷抄书七部，并专门修建了七座藏书阁，用于存放此书。

文渊阁，在北京故宫，乾隆三十九年建。第一部《四库全书》存于此，全书现存台湾故宫博物院。

文溯阁，在沈阳故宫，乾隆四十七年建。全书现存甘肃省图书馆。

文源阁，在北京圆明园，乾隆四十年建。咸丰十年，书、阁俱被八国联军焚毁。

文津阁，在河北承德避暑山庄，乾隆四十年建。全书现存国家图书馆。

文汇阁，在江苏扬州大观堂，乾隆四十五年建。咸丰四年被焚。

文宗阁，在江苏镇江金山寺，乾隆四十四年建。咸丰三年被焚。

文澜阁，在杭州圣因寺，乾隆四十九年建。咸丰十年倒毁，书亦流散，光绪六年重建。

前四阁称“内廷四阁”，后三阁在江浙一带，称“江浙三阁”。七阁都是仿浙江宁波范氏“天一阁”样式建造的。

# 第七章 古代文学常识

# 六　书

汉字的六种构造条例，是后人根据汉字的形成所做的整理（并非全部原始造字法则），分别是：象形、指事、形声、会意、转注、假借。

“六书”始见于《周礼》：“保氏掌谏王恶，而养国子以道，乃教之六艺：一曰五礼；二曰六乐；三曰五射；四曰五驭；五曰六书；六曰九数。”虽有记录，但什么是“六书”，《周礼》并没有加以解释。东汉许慎在《说文解字》中云：“周礼八岁入小学，保氏教国子，先以六书。一曰指事。指事者，视而可识，察而见意，‘上’‘下’是也。二曰象形。象形者，画成其物，随体诘诎，‘日’‘月’是也。三曰形声。形声者，以事为名，取譬相成，‘江’‘河’是也。四曰会意。会意者，比类合谊，以见指撝，‘武’‘信’是也。五曰转注。转注者，建类一首，同意相受，‘考’‘老’是也。六曰假借。假借者，本无其字，依声托事，‘令’‘长’是也。”后世对六书的解说，均以《说文解字》为核心。若具体分析，“象形”“指事”属于“独体造字法”，“形声”“会意”属于“合体造字法”，“转注”“假借”属于“用字法”。

虽然六书分析完备，但并不是先有六书后有汉字。汉字早在商朝时就已经相当发达。后世将汉字分析归纳，这才有了六种造字法。六书问世后，人们造新字时，都以其为依据，如后出现的“猫”是形声字，

“凹”“凸”是指事字，“畑”是会意字，“镲”则形声兼会意。六书造字法应用广泛，后来的日本文字亦依从六书而来。

在这六种法则中，象形字是最直接的表达方式，因而在甲骨文、金文中，该字占了大多数；相对简便的方式为形声法，如“鲤”“鲇”，只要用形旁“鱼”就可以交代它们的类属，再以发音相近的声旁来区分就可以了。由于形声法造字快捷，到了近代，有80%的汉字都是形声字。

## 训诂学

训诂，也作“诂训”“故训”，是解释古书字义之学。“训”和“诂”最初是分别定义的：“诂者，古也，古今异言，通之使人知也；训，道也，道物之貌以告人也。”“诂”即以今语解释古语，如“初、哉、首、基、肇、祖、元、胎、俶、落、权舆，始也”。后来“训”和“诂”二字并用，成为传统小学的一个分支。

训诂的方法主要有义训、形训、声训三种。具体来说，义训指不借助字音、字形，直接用通俗的词语对字义进行解释，有同义相训，如“征，召也”；反义相训，如“乱，治也”；有的则干脆就是描写，如“二足而羽谓之禽”等。形训，即通过对汉字本身的分析来阐释字义，如“止戈为武”。声训，指用同音或发音近似的字来阐释字义，如“仁，人也”。几种训诂方法中，义训最常用。

训诂学是传统小学的一个分支，小学又是阐释经学的基础，因此历代的训诂学家也往往都是经学大家，如顾炎武、钱大昕、段玉裁、王念孙、戴震等。

## 赋、比、兴

赋、比、兴与风、雅、颂合称为《诗经》六义，赋、比、兴是《诗经》里的三种艺术表现手法。《诗经》是我国最早的一部诗歌总集，它所用的表现手法为后世所效仿。

“赋”，朱熹说：“赋者，敷陈其事而直言之者也。”就是陈述铺叙，直截了当的描写，如《汉乐府》中《陌上桑》一诗写女主人公罗敷去采桑，从头到脚，详尽地写了她的穿戴，还写了老人、青年人、耕田的、锄地的看到她的美貌后的各种表情，尽管诗中没有直接写罗敷如何美，如何迷人，但诗中用“赋”的办法，使读者对罗敷有了完整、深刻的印象。

朱熹认为：“比者，以彼物比此物也。”就是我们通常所说的比喻，它“或喻于声，或方于貌，或拟于心，或譬于事”（《文心雕龙·比兴》），从而使被描述对象的形象更加鲜明，给读者留下直观的印象。如在《诗经》中，《硕鼠》用老鼠来比喻统治阶级的面目可憎，又如诗句“飞流直下三千尺”“燕山雪花大如席”“官仓老鼠大如斗”等，都用了“比”的手法。

“兴者，先言他物以引起所咏之词也”，也就是借助其他事物作为诗歌的开头。作者要写内心的思想情绪，但先写外界事物，再在外界事物的启发下抒发出来，比如“月儿弯弯照高楼。高楼本是穷人修。寒冬腊月北风起，富人欢笑穷人愁”。开头写月亮、高楼，由它们引起联想，进而控诉贫富不均的社会现象。

赋、比、兴这三种艺术表现手法对后世诗歌的创作产生了重大的影响。

## 古体诗

古代一种相对自由的诗体，与近体诗相对而言。它是近体诗形成前，除楚辞外的各种诗歌体裁，也称古诗、古风。其格律自由，不拘对仗、平仄，押韵较宽，篇幅长短不限，句子有四言、五言、六言、七言和杂言诸体。其中，五言和七言诗作较多，简称五古、七古。杂言有一字至十字以上，一般为三、四、五、七言相杂，而以七言为主，故习惯上将其归入七古。我们熟悉的七言古诗有白居易的《长恨歌》、杜秋娘的《金缕衣》等。它们充分体现了古体诗的自由度，《长恨歌》洋洋洒洒达一百二十句，而乐府《金缕衣》则只有四句。

由于古体诗形式灵活，便于传达感情，因此很受诗人青睐。不少文人墨客都是古体诗高手，像李白、杜甫、刘长卿等，佳作迭出，为后人津津乐道，尤其是李白，写有大量的古诗作品，如《古风》《行路难》《蜀道难》《将进酒》《长干行》等，流传千古。

# 近体诗

古代的格律诗，分律诗、长律和绝句三种。唐代将周、秦、汉、魏不讲究格律的诗称为“古体”或“古风”，将齐、梁以来开始流行的格律诗称为“近体诗”“今体诗”。相对于古体诗，近体诗很讲求格律，在句式、句数、平仄、对仗和押韵等方面都有规则和要求。具体来说，在句数上，近体诗没有古诗的参差变化，它具有一种整齐的美感。律诗分八句，超过八句属长律、排律；绝句分四句，句式分五言、七言，又称五律、五绝、七律、七绝。在押韵上，近体诗规定繁杂，如律诗要求二、四、六、八句押韵，也就是除首尾两联外，都要入韵；绝句则二、四句押韵，一般只押平声，且一韵到底，中途不能换韵。这都对近体诗人提出了很高的要求——既要熟悉语言的词汇、典故，更要熟谙诗韵、平仄。其中的平仄更是重中之重，它是近体诗最看重的因素，少了它也就没有了近体诗的格律。由于韵律的规则太多，古人专门成书讲这方面的知识，如隋朝的《切韵》（陆法言），北宋的《广韵》（陈彭年等）。到了南宋，刘渊将《广韵》的二百零六韵合并为一百零七韵，后人再减为一百零六韵。这一百零六韵被后人奉为押韵的通则。

近体诗在唐代达到了炉火纯青的境界，诗人们创作出了大量的佳作名篇，其意境、技巧，为后世叹为观止。

# 词

诗歌的一种韵文形式，由五言诗、七言诗或民间歌谣发展而成，如《西江月》《风入松》《蝶恋花》等，都是来自民间的曲调。词起于五代与唐，流行于宋，因此词又称宋词，历来与唐诗并称双绝。词原是配乐歌唱的一种诗体，句的长短随歌调而改变，因此又叫长短句。一般分婉约派、豪放派两大类。

词最初被称为“曲词”或“曲子词”，是配音乐的。它和乐府是同一类的文学体裁，都是来自民间文学。后来逐渐跟音乐分离了，成为诗的别体，所以词也被称为“诗余”。词的发展深受律诗的影响，其中常见律句。词虽是长短句，形式较律诗灵活，但是全篇的字数和每句的平仄都有一定之规。词大致可分为小令、中调、长调三类，一般分上下两阕。通常认为，五十八字以内为小令，五十九字至九十字为中调，九十一字以外为长调。敦煌曲子词中，已经有一些中调和长调。宋初柳永写了一些长调。随着苏轼、秦观、黄庭坚等人相继崛起，长调盛行起来。长调的特点，除了字数较多以外，一般用韵较疏。

# 词牌

词牌，词的格式名称，总共有一千多个。在最初的时候，词的曲调与内容都是一致的，如白居易的三首《忆江南》。后来逐渐发展，词的曲调和内容才分开。分开后，词牌只标明曲调，不再作为题目，与内容没有关系。

词牌的由来纷繁复杂，但不外乎以下几种情况：

1. 原本是乐曲的名称。比较典型的是“菩萨蛮”。相传唐朝宣宗大中初年，女蛮国使者来大唐帝国进贡，她梳着高高的发髻，戴着金冠，满身佩挂珠宝，像菩萨一般。教坊便谱了“菩萨蛮”的曲子来款待使者，后来“菩萨蛮”也就成了词牌。又如“清平乐”，是汉代乐府中清乐与平乐两种乐调。《西江月》《风入松》《蝶恋花》等都是属于这一类。

2. 摘取一首词中的几个字作为词牌，比如“忆秦娥”。李白以一种格式写出一首词，词中有“箫声咽，秦娥望断秦楼月”的句子，后人便将这种格式的词命名为“忆秦娥”。又如，“蝶恋花”从南梁简文帝词句“翻阶蛱蝶恋花情”而来。

3. 本来就是词的题目。如“踏歌词”是一种合着脚步歌唱的曲调，“浪淘沙”咏淘金人的劳动生活，“抛球乐”说的是抛绣球。

4. 直接用词的字数来命名。“十六字令”全词共十六个字，“百字令”全词共一百个字。

5. 以人名、物名或故事为背景作词牌，如“沁园春”，据说东汉明帝女儿沁水公主的园林名为“沁园”，后被外戚窦宪仗势夺去，有人作词咏此事，这就产生了词牌名“沁园春”，又如“浣溪沙”，因春秋时西施浣纱的故事而得名。

## 赋

中国古典文学的一种重要文体。赋萌生于战国，兴盛于汉唐，后逐渐衰落。在汉唐时期，诗与赋往往并举连称，有只作赋而不写诗的文人，却几乎没有只作诗而不写赋的才子。建安以后乃至整个六朝时期，士人对赋均推崇备至，将“赋”字用为文体的第一人应推司马迁。《史记》中称屈原的作品为赋，《汉书》也称屈原等人的作品为赋。后人因推尊《史记》《汉书》，所以便把屈原等人的作品称为赋。为什么一定要称“赋”呢？因为在汉文帝时，“诗”已设立博士，成为经学。在这种背景下，称屈原的作品为诗并不合适。屈原的作品又往往只能诵读而不能歌唱，也不能用“歌”来定义，于是司马迁拟用“辞”与“赋”来作为新的称呼。由于屈氏的作品文辞华美，司马迁很倾向用“辞”来定义，而称宋玉、唐勒、景差等人的作品为“赋”。第一个称呼自己的作品为“赋”的人是司马相如。发展至东汉末年，“赋”的称谓就已经很普遍了。

赋的文体介于诗和文之间。一般来说，诗大多为情而造文，而赋却常常为文而造情。诗以抒发情感为重，赋则以叙事状物为主。清代人刘熙载说："赋别于诗者，诗辞情少而声情多，赋声情少而辞情多。"相对而言，赋更近于诗体，其语言以四、六字句为主，追求骈偶；语音上要求韵律协调；文辞上讲究藻饰和用典。从汉至唐初这段时期，赋尤近于诗而远于文。从主题和写作手法上看，屈原的作品对后世赋作影响深远，比如多书写自己的不幸与愁思，多铺张夸饰，及多用"香草美人"的比兴手法等。

赋在汉唐时期极为兴盛，其体式大致可分三种：骚体赋、四言诗体赋和散体赋（或称大赋）。由结构上看，散体赋、七体、设论体及唐代文体赋已经比较接近于散文，有的完全可归于散文的范畴。宋代以后，赋仍是文人学士喜爱的文体之一，其形式主要是俳赋与文赋，但像六朝那样的华美词章和唐宋时代那样的精品已难得一见。值得一提的是，赋的发展亦带动了骈文。骈文起于东汉，成熟于南北朝，其文章中广泛用赋的骈比形式，如此一来，有些以赋名篇的文章甚至都被人视作骈文，如南朝宋的《芜城赋》（鲍照）、《雪赋》（谢惠连）及《月赋》（谢庄）等。

# 变　文

变文是唐代通俗文学形式之一。由于唐代帝王提倡佛教，当时寺庙中讲唱佛经故事之风相当盛行，于是产生了变文。变文的特点是边讲边唱，韵文与散文相间，语言通俗易懂，故事曲折生动。内容上主要有佛经故事和世俗故事两类。佛经故事的变文有两种：一种是讲经文，一种是讲释迦和佛教故事的变文。前者先引一段经文，然后敷衍成篇，如《维摩诘经讲经文》，后者不引经文，直接讲佛教故事，如《降魔变文》《大目乾连冥间救母变文》。这类变文篇幅宏大，想象神奇，宗教气息浓厚。世俗故事变文多取材于历史故事、民间传说和现实生活，如《孟姜女变文》《伍子胥变文》等。

变文对唐代传奇的发展有很大影响，许多传奇作品也采取了韵散结合的文体，如李朝威的《柳毅传》、元稹的《莺莺传》及陈鸿的《长恨歌传》等。另外，宋元的词话、鼓子词、诸宫调等说唱文学以及杂剧、南戏等戏曲文学，也是从有说有唱的变文发展而来的。现存最早的变文是清代光绪二十五年（1899年）从敦煌藏经洞中发现的手抄本。整理出版的敦煌变文有周绍良的《敦煌变文汇录》、王重民等编的《敦煌变文集》。

# 传　奇

传奇是指唐代文言短篇小说。唐代小说被称为“传奇”，始自晚唐裴铏的《传奇》一书，宋代以后遂以“传奇”概称唐代小说。

唐代传奇的兴盛和发展，首先是由于唐代社会生产力的发展，促进了城市经济的繁荣，新兴的市民阶层对文化娱乐产生了要求，引起唐代文人写作传奇的兴趣。其次，唐代举子的“温卷”风气，也对传奇的发展起了一定的促进作用，如宋赵彦卫《云麓漫钞》云：“唐世举人，先借当时显人以姓名达主司，然后投献所业，逾数日又投，谓之‘温卷’，如《幽怪录》《传奇》等皆是也。盖此等文备众体，可见史才、诗笔、议论。”另外，唐代小说的发达，也是文学本身不断发展的结果。唐代变文、俗赋、话本、词文等通俗文学的盛行及佛道教义、神怪传说的流行都对传奇的发展产生了影响。

唐传奇的发展可分为三个时期。前期（自唐初至玄宗、肃宗时）作家、作品不多，内容与六朝志怪小说差不多，如王度的《古镜记》、无名氏的《补江总白猿传》等。中期（自代宗至文宗时）是繁荣时期，名家、名作很多，题材包括：神怪类，如李公佐的《南柯太守传》、沈既济的《枕中记》等；爱情类，如沈既济的《任氏传》、李朝威的《柳毅传》、许尧佐的《柳氏传》、白行简的《李娃传》、蒋防的《霍小玉传》、元稹的《莺莺传》等；历史类，如陈鸿的《长恨歌传》《东城老父传》等。后期（文宗至唐末）出现了大量的传奇专集，如牛僧孺的《玄怪录》、李复言的《续玄怪录》、裴铏的《传奇》、皇甫枚的《三水小牍》、杜光庭的《虬髯客传》、袁郊的《红线传》等。

唐代传奇标志着中国小说正式形成了自己的规模和特点，成为一种独立的文学样式。对宋代以后的话本、戏曲和讲唱文学产生了很大的影响。

## 话　本

话本，是指宋元时代说话艺人表演所用的底本。宋元说话艺术分为小说、讲史、说经等。小说家的话本称为小说，均为短篇故事。按题材又分为灵怪、烟粉、传奇、公案、朴刀、杆棒、神仙、妖术八类。

现存的宋元小说话本约有三四十篇，见于明人编印的《清平山堂话本》《古今小说》等书。其中较著名的作品有《错斩崔宁》等。讲史家的话本称作平话，篇幅较长，演说历史故事。作品有《新编五代史平话》《三国志平话》《大宋宣和遗事》等。说经是讲说佛经故事，没有话本流传。

话本是民间口头文学的创作形式，继承了志怪传奇等古代小说的传统，对后世白话小说的发展影响很大，如《水浒传》《三国志演义》《西游记》等明清长篇小说和短篇小说便是宋元话本继续发展的产物。

# 诸宫调

诸宫调，是指在宋金元三朝流行于民间的叙述体说唱文学形式。它取同一宫调的若干曲牌联成短套，首尾一韵，中间插以简短的说白，再用不同宫调的许多短套联成长篇，讲唱长篇故事，故称诸宫调，或称诸般宫调。因用琵琶等乐器伴奏，亦称“掐弹词”或“弦索”。它是说唱、歌舞向戏剧转化时期的过渡形式。

诸宫调继承和发展了唐代变文韵散相间的体制，以同一词调重复多遍并间以说白的鼓子词，是以一诗一词交替演唱并与歌舞结合的“转踏”，以及集合若干同一宫调的曲调为一套曲的“唱赚”，形成了一种篇幅更大、结构更加宏伟、表现更为丰富复杂内容的文艺样式。诸宫调始于北宋，王灼《碧鸡漫志》云：“熙宁、元丰间……泽州有孔三传者，首创诸宫调古传，士大夫皆能诵之。”南宋以后，诸宫调便十分流行了。

宋金两朝诸宫调的内容相当丰富，涉及烟粉、灵怪、朴刀、杆棒、神话、历史传说等内容。现存诸宫调作品有金代无名氏的《刘知远诸宫调》，全文12则，今存不足5则。金代董解元《西厢记诸宫调》，是迄今唯一保存完整的诸宫调作品。

诸宫调虽然后来衰落了，但它的基本艺术手段渐为元杂剧所吸取，成为剧本的一个组成部分。

# 散　曲

散曲是元代的一种新兴诗歌体裁。由于宋金时期北方民歌和少数民族音乐的输入，又吸收了宋词和一些说唱文学的有益成分而逐渐形成的一种艺术表现形式。宋金时期是散曲的萌芽、发生时期，至元代，散曲进入了全盛期。由于散曲在元代最为兴盛，故又称“元散曲”。

散曲在元代被称为乐府或词，包括小令和套数两种形式。小令又叫“叶儿”，是散曲的基本单位，它是独立的单支曲子，分属不同的宫调，有一个单独的曲牌名，如《醉太平》《水仙子》等。套数又叫散套、套曲，沿自诸宫调，把两首以上同一宫调的曲子连缀在一起，一般用一两支小曲开端，用“煞调”或“尾声”结束。

现存金元散曲多歌唱山林隐逸和描写男女风情之作，也有一些描写现实生活的作品。而一些写景咏物的小令清丽生动，艺术价值较高。元代散曲的发展大致可分为前后两个时期。前期著名作家有关汉卿、马致远等，他们随物赋形、曲折尽意地抒发自己的感慨，风格质朴自然；后期作家以张可久和乔吉为代表。散曲创作的大趋势是讲究格律辞藻，走向典雅工丽。

# 元杂剧

元杂剧是13世纪前半叶在宋杂剧、金院本、诸宫调等基础上融合音乐、说唱、舞蹈、美术等艺术而形成的戏曲艺术形式。它主要以中国北方流行的曲调演唱，故称北曲或北杂剧。

元杂剧的体制有较为严格的格式：在结构上一般一本四折，一折大致与今天的一幕相同。一折又可以分几场，有的杂剧还有“楔子”，它的位置不固定，可以在第一折前，也可以放在折与折的中间，大致相当于现在的序幕和过场戏。楔子只用一支或两支单曲，不用套曲演出。每一折都用同一宫调的若干曲牌组成套数，且要求用韵相同。每出戏由一人主唱，由女主角主唱叫“旦本戏”，由男主角主唱叫“末本戏”。元杂剧剧本前多有题目正名，整出戏要求用北方音乐演唱。元杂剧的剧本由曲词、宾白、科范组成。曲词的主要作用是抒情，一般由一个主要演员歌唱，是元杂剧的主体。宾白是剧中人物说白，主要用于交代情节。科范简称“科”，是对演员的主要动作、表演和舞台效果的提示。元杂剧的角色大致分为末、旦、净、杂四类，正末、正旦是元杂剧中的主唱。

元杂剧以元武宗大德年间为界可分为前后两期，前期为繁荣期，创作中心在大都（今北京），代表作家有关汉卿、郑光祖、白朴、马致远等人；后期为衰落期，创作中心南移至杭州，代表作家有郑光祖、乔吉等人。

元杂剧按题材可分为婚恋戏、公案戏、水浒戏、历史戏、神仙道化戏、教化戏六类。在当时非常繁荣，知名作家的作品有500种之多。

元代后期，元杂剧渐渐衰落，最终被明代传奇取代，但长久以来，元杂剧中的优秀剧目如《窦娥冤》《西厢记》《汉宫秋》《梧桐雨》《赵氏孤儿》等一直久演不衰，显示出旺盛的生命力。

## 南 戏

南戏是南曲戏文的简称。它最初流行于浙江温州一带（古称永嘉），故又名“温州杂剧”或“永嘉杂剧”。南戏形成于北宋末期与南宋初期，南宋末年流传到杭州，逐渐发展成为一种成熟的戏曲艺术。到了元代初期，蒙古统治者提倡杂剧，南戏一度衰落，到了元末，杂剧衰落，南戏才得到了发展。

南戏的体制比杂剧自由灵活：杂剧基本体制是四折一楔子，篇幅紧凑，情节集中，南戏则没有固定的出数，长短自由；杂剧每折限用一个宫调，一韵到底，南戏的一出戏不限于一个宫调，还能换韵；杂剧一般由一人主唱，南戏不限角色，各种角色都可以唱，还有对唱、合唱等多种形式；杂剧题目正名在剧本末尾，南戏题目则在剧本前面，演出时还有副末“开场”，报告剧情梗概，杂剧则没有“开场”；杂剧音乐是在诸宫调基础上形成的，以北乐为主，曲调高亢，伴奏以弦乐为主，南戏曲调在东南沿海一带的一些民歌基础上形成，还吸收了宋代流行的词体歌曲，曲调柔缓，伴奏以管乐为主。

流传至今的南戏有16本，题材基本上取自民间传说和现实生活，多写男女爱情故事。成就较高的有高明的《琵琶记》和有“元代四大传奇”之称的《荆钗记》《白兔记》《拜月亭记》《杀狗记》。高明的《琵琶记》被称为“南曲之冠”，它以赵五娘与蔡伯喈夫妇的悲欢离合为剧情框架，展现了灾荒岁月人民苦难的生活，暴露了封建社会的黑暗现实，塑造了一个具有自我牺牲精神的下层妇女形象，散发出感人的艺术魅力。这出戏结构新颖，采取双线交替发展、互相映照的手法，将相府与农村形成了鲜明的对比，戏中还注重对人物心理的揭示，语言富于文采又接近口语，具有较高的艺术价值。

南戏是中国戏曲最早的成熟形式，到了明代进一步发展为传奇，以后又与地方声腔结合，形成各种地方剧种，在戏曲史上留下了深远的影响。

## 骈体文

骈体文从魏晋开始形成。南北朝是骈体文的全盛时代，是文章的正宗。唐宋时期以后，骈体文的正统地位才被“古文”代替。骈体文的明显语言特点是骈偶和四六。

何谓骈偶？两马并驾叫骈，两人一起称偶。骈偶即两两相对，又称对仗。以骈偶为文时，其基本要求是句法结构要对称，在句法结构、词性相匹配的原则下，上下联的字数相等（句首句尾的虚词及共有的句子成分不算在对仗之内），如吴均的《与顾幸书》："幽岫含云，深溪蓄翠。"如萧统的《文选序》："风云草木之兴，鱼虫禽兽之流。"诗句非常对称。

"四六"指骈体文一般用四字句和六字句。四字句如：众制锋起，源流间出。六字句如：穷者欲达其言，劳者须歌其事。另有四六句混合者如："渔舟唱晚，响穷彭蠡之滨；雁阵惊寒，声断衡阳之浦。"

骈体文在语音方面也很有特点，主要讲究平仄相对和押韵。"平仄"指按照古汉语的四声调"平、上、去、入"，分成平声和仄声两部分。在对仗时，在节奏点上以平对仄，以仄对平，如"冯唐易老，李广难封"对应的就是"平平仄仄，仄仄平平"。

除了语言、语音外，骈体文用词也很有特点，那就是擅长用典和堆砌辞藻。前者是为了以古事或古人的话来证明自己的观点，如：屈贾谊于长沙，非无圣主；窜梁鸿于海曲，岂乏明时。援引了贾谊和梁鸿的两个典故，借前人的不得志宣泄自己内心的不平与感慨。堆砌辞藻在骈体文中再常见不过，如金玉、灵禽、奇兽、香花、异草等词随处可见，目的是让文章看起来更加华丽、美观，如杨炯在《王勃集序》中说："糅之金玉龙凤，乱之朱紫青黄。"仅颜色一类的词汇就满目琳琅。南北朝以后，骈文华美得无以复加，甚至可以说藻饰和用典共同构成了骈文。

# 笔记小说

文言小说的一种形式。笔记的内容十分驳杂，囊括了志怪、传奇、杂事、逸闻、风俗礼仪、训诂考证等。由于分类标准不同，对于笔记的定位也一直有争议。刘叶秋在《历代笔记概述》中曾把笔记分为三大类：小说故事类、历史琐闻类和考据辨证类。按分类，小说故事类的笔记就是笔记小说。周勋初在《唐代笔记小说叙录》中只讲历史琐闻类的笔记，对笔记小说的范畴进一步做了限制，只认同古杂史笔记或杂事小说。事实上，笔记就是一种随笔，不拘一格的散体文字。刘勰在《文心雕龙·才略》中说："路粹杨修，颇怀笔记之工。"王僧孺在《太常敬子任府君传》中说："笔记尤尽典实。"今人认同笔记中带有故事性的文字为"笔记小说"。

需要说明的是，此"小说"不同于我们今天的"小说"概念。它重在实录，是记人记事的散文随笔。它的风格简洁，往往只需三言两语或一个小的段落即能叙述清楚，规模类似今天的"微型小说"，如《世说新语》中有这样一则故事：王子猷居山阴，夜大雪，眠觉，开室命酌酒，四望皎然，因起彷徨，咏左思《招隐诗》，忽忆戴安道。时戴在剡，即便夜乘小船就之。经宿方至，造门不前而返。人问其故，王曰："吾本乘兴而行，兴尽而返，何必见戴？"

《搜神记》中的《鼠妇》一则也有异曲同工之妙："豫章有一家，婢在灶下，忽有人长数寸，来灶间壁，婢误以履践之，杀一人。须臾，遂有数百人，著衰麻服，持棺迎丧，凶仪皆备。出东门，入园中覆船下，就视之，皆是鼠妇。婢作汤灌杀，遂绝。"言词简约，不加渲染。

以笔记为名的书约始于宋祁的《笔记》（原名《景文笔录》，又称《宋景文笔记》），继而又出现了《老学庵笔记》《芥隐笔记》等。清时，以笔记命名的书种类更加繁多，如记志怪故事的《阅微草堂笔记》，谈考据辨证的《双砚斋笔记》，内容驳杂的《庸闲斋笔记》等。其中，诞生于清中期的《阅微草堂笔记》被视为笔记小说的"正宗"。

## 章回小说

章回小说是中国古典长篇小说的主要形式。由宋元时期的"讲史"话本发展而来。讲史时，由于很难在一两次"说话"中把一段历史故事讲完，因而说话人就分次讲述，每次讲之前用题目向听众提示本回的主要内容，这就是章回小说回目的起源。今天，我们仍能从章回小说中发现诸如"话说""看官"的字样，可见它与话本间的承继关系。"回"的意思就是"次"。通常我们听艺人讲说故事，往往到了紧要关头，他就会说"欲知后事如何，且听下回分解"。下回，即下一次。

宋元两代是章回小说的孕育期，这一时期说唱艺人的底本，也就是长篇话本，已经具有了章回小说的雏形，如《全相平话五种》中的《乐毅图齐》，分为上、中、下三卷，各卷又依故事内容分立若干小题目，从中可见最早的小说分回形式。经过宋元时期的发展，元末明初时期出现了一批章回小说，像《三国志通俗演义》《水浒传》等。它们在民间已经广为流传，经讲史艺人补充和文人加工后而成，相比从前的“讲史”，这些章回小说的人物、故事的核心虽然是历史的，但大多数内容已多为后人创造，篇幅也相应增长了。每卷分为若干节，节前有单句目录，如“刘玄德斩寇立功”。

到了明代中期，章回小说发展得愈加成熟，《西游记》《金瓶梅》《封神演义》等纷纷问世。它们的情节更加复杂，运笔更为细腻，内容和“讲史”已经基本没什么联系，仅在体裁上还保持着“讲史”的痕迹。这一时期的章回小说已不分节，而是明确地分回，回目也由最初的单句变成参差不齐的双句，最后成为工整的对仗句，如“李贽评吴观明刻本”的《三国演义》，将二百四十回缩减一半，两回并作一回，以双句回目说明内容。回目的对偶从毛宗岗修改《三国志演义》始，他为了“务取精工，以快阅者之目”，把“以参差不对，错乱无章”的回目改成了对偶整齐的二句。这种形式逐渐被固定，一直沿用到近代。

章回小说继续发展，到清代《红楼梦》出现后，达到了艺术发展的巅峰。章回体的为文样式深受国人喜爱，无论是内容还是形式都充满了中国的特色。

# 建安风骨

建安是东汉末年汉献帝刘协的年号（196—220年），文学史上的建安时期则是指以建安时期为主体并且下延到魏明帝太和七年（233年）近四十年的文学发展情况。

这一时期的文学中心在魏国。曹操是一个具有文才武略的政治家，在统一北方的过程中，他不断延揽人才、网罗贤士，使得许多文士集中在他的麾下，甚至对有些原与他政见不合的文士，如依附于刘表的王粲，依附于袁绍的陈琳，他都委以重任。曹丕则从理论上大加提倡，他阐述文学的价值与功用，把文学看作“经国之大业，不朽之盛事”；他分析各种文体的性质与特点，强调“诗赋欲丽”的特殊性；他论证文章的风格与作者的关系，提出“文以气为主”的命题，这些思想都推动了当时的文学创作。再加上曹氏父子三人都积极从事创作，昭示着文人的创作热情和创作方向。因而以他们为中心，魏国形成了邺下文人集团，这是中国文学史上第一个重要的文学集团，他们给作家们以较高的社会地位，为其创作活动提供有利的条件，促进了文学的发展与繁盛。

这时期的作家们大多经历过战乱，饱受忧患，或是战争的直接参与者，或是战乱的目击者，对于当时社会的凄惨景象都有切身感受，这就为他们的创作奠定了现实基础。而当时大动乱的现实极大地削弱了儒家思想的地位，使之失去了支配人心的力量。在人们的意识里，文学不再是经学的附庸和政治的工具，而有其自身的价值和意义，因而这时期的文人既重视文学的内容，也注意艺术的形式；既在创作中自由地抒发性情，也为这种性情的抒发寻求最佳的表达方式。文学的自觉意识表现得相当浓厚。

正是由于汉末动乱的社会现实提供了广泛内容，社会意识形态的变化提供了方便条件，又有了文学理论的指导，再加上曹氏父子的提倡与重视，所以，建安文学得到了极大的繁荣，取得了辉煌的成就，形成了鲜明的特征。

从内容上来说，一方面，建安文学继承了汉乐府民歌的现实主义传统，反映了社会的离乱和人民的疾苦，如曹操的《蒿里行》、曹植的《送应氏》、王粲的《七哀诗》、陈琳的《饮马长城窟行》、蔡琰的《悲愤诗》等，都真实而生动地反映了军阀混战使社会遭到的破坏和人民遭受的苦难。另一方面，建安文学抒发了作家们建功立业的豪情壮志和统一天下的宏伟抱负，也流露出人生短促、壮志难酬的悲凉幽怨情绪，如曹操的《短歌行》、曹植的《白马篇》等。从艺术上来说，这时期的文学意境宏大，笔调明朗，抒情浓烈，形成了一种慷慨悲凉、刚健沉雄的风格。这种思想和艺术上的特点，后人称之为“建安风骨”。风骨就是风格，在这里特指那种意气骏爽、情志飞扬而辞义遒劲有力的风格，刘勰所谓“志深而笔长”“梗概而多气”便是其本来含义。

建安文学的代表作家有曹氏父子、“建安七子”、蔡琰、诸葛亮等。

# 田园诗

田园诗派是描写农村自然景物、田园生活的诗派，产生于东晋末年，代表人物为陶渊明，他的《归去来兮辞》《归园田居》《庚戌岁九月中于西田获早稻》《饮酒》等为其代表作。

田园诗通过歌咏自然景物，表达一种特定的情感，如对官场的厌恶，归隐田园后的悠然自得及高洁的志趣等。诗风质朴，语言清新淡雅，如“方宅十余亩，草屋八九间。榆柳荫后檐，桃李满堂前”“采菊东篱下，悠然见南山”等。陶渊明是田园诗的开创者，他以纯朴自然的语言、高远拔俗的意境，为中国诗坛开辟了新天地。

值得一提的是，田园诗除了人们熟悉的具有道家、佛家出世的情怀外，也有表现儒家人世精神的作品，后者从另一个视角展现了农家生活，像聂夷中的《咏田家》：“二月卖新丝，五月粜新谷。医得眼前疮，剜却心头肉。我愿君王心，化作光明烛。不照绮罗筵，只照逃亡屋。”感情十分凄然。这种田园诗蕴含儒家入世的精神关怀，很受历代正统诗人的拥戴。但从艺术鉴赏的角度说，前一种田园诗更符合受众的心态，因而读者群也最广阔。

# 山水诗

山水诗初兴于六朝，脱胎于体悟自然之道的玄学思潮。谢灵运、颜延之是这一时期的代表诗人。齐梁时期之后，山水诗题材不断扩大，风格日益繁多。到了唐代，其创作空前繁荣，山水诗派开始形成。这时的山水诗人众多，盛唐时期有王维、孟浩然、裴迪、常建、储光羲等，著名山水诗人刘长卿、韦应物、柳宗元等则生活在中唐时期。由于这些诗人往往都经历了唐朝由盛转衰的变故，故他们的诗作题材十分相近，手法、风格有一脉相承之处。而且很重要的一点，他们多数都与禅学有着密切关系，在思想观念上深受禅学的熏陶。

作为山水诗派的代表，王维笃信佛教，是学者们的常识。清代人徐增曾将王维与李白、杜甫相比较，指出其诗与佛禅的关系："白以气韵胜，子美以格律胜，摩诘以理趣胜。太白千秋逸调，子美一代规模，摩诘精大雄氏（指释迦牟尼）之学，字字皆合圣教。"言王维诗"字字皆合圣教"，虽多溢美之词，却道出了其诗深于佛禅的特点。除了王维，孟浩然、裴迪、常建、刘奋虚、綦毋潜等也与禅僧多有往来，诗风也深受禅学的影响。以裴迪为例，他是王维的挚友、"法侣"。所谓"法侣"，即禅门中的同道。裴迪今存诗29首，《辋川集》20首是与王维的唱和之作，其中颇多禅韵。在其余9首中，与禅直接相关的就有4首，字里行间毫不掩饰对禅门的向往。綦毋潜在这派诗人中不是很惹人注目，但其诗作却颇能体现山水诗派的艺术特色。綦毋潜今存诗只有20余首，但与禅门有直接关联，并在诗题上明确标注的就在10首以上。像《题招隐寺绚公房》《题灵隐寺山顶禅院》《过融上人兰若》等。除了参禅悟道，从质实到空明、境界灵动亦是山水诗人多有的特点。像常建的《题破山寺后禅院》："山光悦鸟性，潭影空人心。"孟浩然的《宿建德江》："移舟泊烟渚，日暮客愁新。野旷天低树，江清月近人。"拥有此意境的诗，在山水诗派中比比皆是。

山水诗派主要以山水景物作为审美对象、创作题材，在山水中展现诗人幽独的心灵。可以说，以山水取景，以禅心、空灵入境，辅之以淡远的风格，即是山水诗。山水诗非唐代独有，早在魏晋南北朝时期，诗作即已经在形式美感的追求上下足了功夫，但还是质实，与唐时相比，缺乏灵动的神韵。严沧浪曾谓："盛唐诸人惟在兴趣，羚羊挂角，无迹可求。故其妙处透彻玲珑，不可凑泊，如空中之音，相中之色，水中之月，镜中之花，言有尽而意无穷。"这可以看作对山水一派诗境的绝好概括。

## 宫体诗

宫体诗派是南朝时以女性为描写题材的诗派。"宫体"之名，始见于《梁书·简文帝纪》："然伤于轻艳，当时号曰'宫体'。"梁朝简文帝萧纲为太子时，曾在宫中聚集了一批诗人，专门描写女性，抒写男女之情，辞采艳丽、风格柔靡、情意婉转。他在编录《玉台新咏》时，还尤其声明："立身之道与文章异：立身先须谨重，文章且须放荡。"与传统的道理礼教背道而驰。由于该诗体首倡者为太子及其东宫僚属，故人称"宫体诗"。虽然萧纲大张旗鼓，但描写歌咏女性与男女之情的作品却并不是由他发端，早在《诗经》中就随处可见这样的诗篇，比如"手如柔荑，肤如凝脂"，其描写不可谓不细腻。到了南朝时，民间专歌男女之情者，如雨后春笋，不胜枚举，像《子夜四时歌》："开窗取月光，灭烛解罗裳。含笑帷幌里，举体兰蕙香。"再如谢朓的《赠王主簿》："轻歌急绮带，含笑解罗襦。"充满绵绵的暧昧之情，于是后人干脆给这类诗取了一个极为贴切的名字：艳情诗。南朝陈后主也爱好文学。由于帝王的热衷，"宫体诗"遂成为梁、陈两代文学的主流。很不幸的是，南朝多短命王朝，"宫体诗"于是被后世斥为"靡靡之音"或"亡国之音"。

## 新乐府运动

西汉设置乐府，掌宫廷和朝会音乐。由乐府采集和创作的诗歌遂被称做"乐府"。乐府诗相当一部分采自民间，具有通俗易懂、反映现实和可以入乐几个特点。后来文人也仿作乐府诗，唐代把南北朝时期以前的乐府诗统称作古乐府。

唐朝贞元、元和年间，广大地主、士大夫要求革新政治，以中兴唐朝的统治。在这股浪潮的推动下，白居易、元稹等诗人主张恢复古代的采诗制度，发扬《诗经》和汉魏乐府讽喻时事的传统，让诗歌起到“补察时政”“泄导人情”的作用。白居易在《与元九书》中提出：“文章合为时而著，歌诗合为事而作。”倡议为君、为臣、为民、为物、为事而作，不为文而作。在《新乐府序》中，他又全面提出了新乐府诗歌的创作原则，要求文辞质朴易懂，便于理解，说话要切中时弊，使闻者足诫，叙事要有根据，令人信服；词句要通顺，能合声律，可以人乐。除白居易外，元稹、李绅、张籍和王建等都是新乐府的积极倡导者。他们或“寓意古题”，或效法杜甫“即事名篇”，以乐府古诗之体，改进当时民间流行的歌谣，并积极从事新乐府诗歌的创作。白居易的《新乐府》（50首）和《秦中吟》（10首），元稹的《田家词》《织妇词》《和李校书新题乐府十二首》是他们的代表作。张籍的《野老歌》《筑城词》《贾客乐》等诗歌，反映了战争给人民带来的苦难，揭露了统治者对人民残酷的剥削和奴役。王建在《水夫谣》中描写了纤夫生活的悲惨。《田家行》《簇蚕辞》则揭露了封建赋役的残酷。李绅曾作新题乐府20首，惜已无存。他的《悯农》诗二首：“春种一粒粟，秋收万颗子。四海无闲田，农夫犹饿死。”“锄禾日当午，汗滴禾下土。谁知盘中餐，粒粒皆辛苦。”已成为千古传诵的名篇。

新乐府运动的诗歌创作，反映了中唐时期极为广阔的社会生活面，从各方面揭露了当时的社会矛盾，提出了尖锐的社会问题，实现了自己的理论主张。这类作品大都具有较强烈的现实意义和鲜明的倾向性。在艺术上，尽管各自的成就不同，风格有别，但大都体现出平易通俗、真切明畅的共同特色。

元和十年（815年），白居易遭谤被贬江州，新乐府运动亦因之受挫。但这场运动对后世诗歌的发展产生了深远的影响。晚唐时，新乐府运动的精神为诗人皮日休、聂夷中、杜荀鹤所继承。皮日休的《正乐府十篇》《三羞诗》，聂夷中的《公子行》，以及杜荀鹤的《山中寡妇》《乱后逢村叟》等，均深刻地揭露了唐朝末年统治者的腐朽残暴和唐末农民战争爆发前后的社会现实。

## 花间派

中国晚唐五代词派，也是我国第一个词派，因词集《花间集》而得名。五代后蜀卫尉少卿赵崇祚（字弘基）于后蜀广政三年（940年）辑录了晚唐五代时的温庭筠、韦庄、皇甫松、孙光宪、薛昭蕴、牛峤、张泌、毛文锡、牛希济、欧阳炯、和凝、魏承班、阎选、尹鹗、毛熙震、李珣等18位词人的500首作品，编成《花间集》十卷，这是我国时间最早、规模最大的文人词总集。

花间派词人大多以写冶游享乐和闺情离思见长，题材比较狭窄；艺术上讲究辞藻华美，风格软媚。

# 西昆体

宋真宗景德二年（1005年）秋，杨亿、钱惟演、刘筠等人奉真宗诏命，在放置宫廷藏书的秘阁编纂大型类书《册府元龟》。他们修书之余往来唱和，还邀请未参加编书的钱惟济等人参加。后来杨亿将这些诗编成一集，并根据《山海经》和《穆天子传》中记载的“昆仑山之西有玉山册府为古代帝王藏书处”的典故，把诗集定名为《西昆酬唱集》，西昆体也由此而得名。

《西昆酬唱集》的创作内容狭窄，多是记录宫廷宴游，描写流连光景之作。在艺术风格上，以师法李商隐为主，兼学唐彦谦，崇尚精丽繁缛的诗风，追求用典的贴切、属对的工巧、音节的和婉。这确实增强了诗歌语言的凝练美和深幽之感，但由于西昆诗人的生活内容贫乏，又只是片面追求李商隐的雕采巧丽和唐彦谦的铿锵韵律，所以难免在创作中为文造情，钻故纸堆，以编织故事争胜。

西昆体在宋初诗坛影响很大，产生了一定的消极影响，但这种风格也在一定程度上反映了北宋前期统一帝国的堂皇气象。

# 婉约派

宋词风格流派之一。婉约，是婉转含蓄之意，最早见于《国语·吴语》："故婉约其词，以从逸王之志。"意谓卑顺其辞。到了魏晋六朝时，人们用它形容文学辞章，如陈琳《为袁绍与公孙瓒书》云："得足下书，辞意婉约。"陆机《文赋》云："或清虚以婉约。"《玉台新咏·序》云："阅诗敦礼，岂东邻之自媒；婉约风流，异西施之被教。"而明确提出词分婉约、豪放两派的，一般认为是明人张綖。清人王士祯《花草蒙拾》云："张南湖论词派有二：一曰婉约，一曰豪放。"可见，"婉约"一词在不同的时代有着不同的含义。

在词史上，婉转柔美的风调相沿成习，由来已久。词本为合乐演唱而作，起初多为娱宾遣兴，演唱的场所也多为宫廷贵家、秦楼楚馆，因此词的内容不外乎离思别愁、闺情绮怨、儿女情长，这就形成了以晚唐五代《花间集》为代表的"香软"词风。到了北宋，词家诸如晏殊、欧阳修、柳永、秦观、周邦彦、李清照等人承其余绪，虽然运笔更为精妙，风韵各具，然而大体上仍未脱离婉转柔美的痕迹。后人因此多用"婉美""软媚""绸缪婉转""曲折委婉"等语来形容他们作品的风格。

以李清照的《醉花阴》为例，"薄雾浓云愁永昼，瑞脑销金兽。佳节又重阳，玉枕纱橱，半夜凉初透。东篱把酒黄昏后，有暗香盈袖。莫道不销魂，帘卷西风，人比黄花瘦。”李清照在这首早期词作里，细腻地表达了自己对远游丈夫的深切思念，情感真切缠绵，为历代词论家所赞赏。

婉约词风长期支配着词坛，南宋时，姜夔、吴文英、张炎等大批词家无不受其影响。到了明代，人们遂以“婉约派”来概括此类型的词风。虽然在唐宋时，豪放词也已出现，但长久以来，词多趋于婉转柔美，人们还是形成了以婉约为正宗的观念，如明人王世贞在《弇州山人词评》中就以李后主、柳永、周邦彦等词家为“词之正宗”。

## 豪放派

宋词风格流派之一。由于词坛上长久以来都以“婉约”为正宗，因此“豪放派”被正统的词论家称为“异军”“别宗”“别派”等。其词作的题材、风格、用调及创作手法等都与婉约派大不相同。代表词人有苏轼、辛弃疾等；代表作有《念奴娇》（苏轼），《西江月》（辛弃疾）、《永遇乐》（辛弃疾），《六州歌头》（张孝祥）等。

豪放派的形成与发展大致可分为三个阶段，首先是范仲淹的《渔家傲》的问世，发豪放词之先声。其次是苏轼大力提倡写壮词，与柳永、曹元宠二家分庭抗礼的阶段。当时，学苏词的人只有十之一二，学曹柳者有十之七八，豪放词派肇始于此。靖康之变后，宋室南渡。随着国破家亡，豪放词派获得了迅猛发展，宋词的发展达到了巅峰。优秀的词人、词作层出不穷。除了辛弃疾外，李纲、陈与义、叶梦得、朱敦儒、张元干、张孝祥、陆游、陈亮、刘过等都有佳作流传。最后一阶段为延续阶段，代表词人有刘克庄、黄机、戴复古、刘辰翁等。他们赋词依然豪迈，但由于宋室衰微，恢复无望，一种无奈的悲灰之气渐渐笼罩了当时所有的豪放词人。

豪放派的词作，大都视野广阔，气象恢宏雄放。它虽然也会描写花前月下、男欢女爱，但更喜摄取军情国事那样的重大题材。格律不拘，行文汪洋恣意，“无言不可人，无事不可人”。豪放派内部仅苏派、辛派、叫嚣派三个阶段性的细支，彼此之间稍有差异。豪放派的出现有一定的政治背景，其不足也显而易见：嗜用典故、议论过多，导致一些词作韵味不浓、艰深晦涩，格律亦欠缺等。但无论怎样，豪放派确实震动并统治了整个宋代词坛，广泛地影响着词林后学。从宋、金直到清代，历来都有高举豪放旗帜，大力学习苏、辛的词人。

## 江西诗派

“江西诗派”是指以北宋诗人黄庭坚为首的一个诗歌派别。南宋初年，吕本中在其著作《江西诗社宗派图》中，首尊黄庭坚为江西诗派之祖，下列陈师道等25人。元代的方回在《瀛奎律髓》中追加陈与义，提出“一祖三宗”之说，（“一祖”指杜甫，“三宗”指黄庭坚、陈师道、陈与义），江西诗派之说即出于此。

江西诗派以清淡瘦健为审美标准。所谓清淡，是指诗中的描写很少进行色彩渲染或堆砌辞藻，很少涉及男女艳情。在这方面，黄庭坚的诗表现最为突出。

黄庭坚（1045—1105年），字鲁直，号山谷道人，洪州分宁（今江西修水）人，与苏轼友善，著有《山谷集》。他的诗歌创作主张带有北宋后期党争、诗祸的时代烙印，注入了学者文化的审美意识。他不赞成用诗歌讽刺政治，而看重其娱悦性情、抒写襟怀、潜移默化的熏沐功能，追求温柔敦厚、“不怨之怨”（《胡宗元诗集序》）的诗风。在诗的语言上，他常用浓缩、省略、倒装、词语活用等一系列手法，打破正常的语法规则，把不拘平仄的古诗句式融于格律谨严的近体诗中，造成音律的拗折。

江西诗派反对浮华轻薄，崇尚老成朴拙，力主出奇翻新，趋生避熟，即黄庭坚提倡的“以俗为雅，以故为新”。所谓“以俗为雅”，旨在以典雅的文言为主体，适当吸收方言俗语，以矫文人诗中风花雪月似的陈词滥调；而所谓“以故为新”，则是指点化成语或前人诗句，也包括用典，要求诗人有“点铁成金”之妙。

在黄庭坚的影响之下，北宋后期逐渐形成了江西诗派。江西诗派因黄庭坚是江西人而得名，诗派中的其他诗人并不都是江西人，但他们都主张宗法杜甫，有共同的创作趋向与风格。在江西诗派中，除黄庭坚外，以陈师道的成就最高，后人将他们并称“黄陈”。

江西诗派在北宋后期蔚为一大流派，影响所及，直至明清近代。

# 永嘉四灵

“永嘉四灵”是指南宋中叶时浙江永嘉的四个诗人：徐照（字灵辉），徐玑（号灵渊），赵师秀（号灵秀），翁卷（字灵舒）。因为他们都是永嘉人，诗风相近，且字或号中都有一个“灵”字，故被称为“永嘉四灵”或“四灵派”。徐照、翁卷是布衣，徐玑、赵师秀做过小官。

四灵派的诗，风格上学习晚唐贾岛、姚合之体，标榜野逸清瘦之风，也融入了某些山水诗、田园诗的意味，表现出一种空灵淡泊的境界。这种风格之所以出现，是因为南宋中叶以后社会表面相对安定，一些在政治上找不到出路的文人暂时满足于啸傲林泉、寄意田园的闲逸情趣，成为慰藉其情绪的共鸣声响，如翁卷《行药作》：“有口不须谈世事，无机惟合卧山林。”赵师秀《哭徐玑》：“泊然安贫贱，心夷语自秀。”就很能说明这种倾向。

在艺术形式上，四灵派以五言、七言近体诗著称，并能以精工优美的语言刻画寻常景物，既新巧出奇，而又不大显露斧凿的痕迹，在较大程度上纠正了江西派诗人以学问为诗、以议论为诗的习气，也写出了不少优秀的诗作。

四灵派的诗大都是抒写羁旅情思，描写山水田园风光以及其他应酬唱和、流连光景之作。虽然缺乏深广的社会内容和时代风气，但也不乏痛心时事和同情人民疾苦的诗作，如徐照《促促词》、翁卷《东阳路旁蚕妇》、徐玑《传胡报二十韵》、赵师秀《抚栏》等。

四灵派中以赵师秀成就较高。他的诗也常流露出身世之叹和怀念故国之情，如《多景楼晚望》：落日栏干与雁平，往来疑有旧英灵。潮生海口微茫白，麦秀淮南迤逦青。远贾泊舟趋地利，老僧指瓮说州形。残风忽送吹营角，声吟边愁不可听。

诗人在诗中缅怀抗金将士，一种"麦秀"之感油然而生。该诗多灵巧圆润，悠闲清淡，句秀韵雅，亦可见其艺术技巧之工。

总的来看，四灵派的诗虽有失之于境界窄小、寄情偏僻的缺陷，但由于其艺术上的成就，在当时及后世仍然引起了不小的反响。

## 台阁体

从明朝永乐至成化年间的文学流派。代表人物号称"三杨"，即杨士奇、杨荣、杨溥。他们都是当时的"台阁重臣"，深受皇帝的宠信。他们的作品（以诗作为主，也包含散文）多为粉饰太平、歌功颂德或诗酒酬谢之作，由于缺少社会深意，虽雍容典雅，然实际意义不大。由于"三杨"官位显赫，加之作品流露出的富贵气度，故追慕模仿者甚多，竟形成流派，称"台阁体"。台阁体因缺乏生气，少有创新，被认为是诗歌创作上的一种倒退，甚至比宋代的"西昆体"更加不如。

后人分析台阁体的形成时，认为有这样几种因素：一是受程朱理学的影响，故表现出的情感“雅正平和”，有浓厚的道学气；二是由于作者属上层官僚，因此作品以应制、唱和之作居多；三是与当时（特别是永乐之后）平静的政治环境相关，官员们心态悠然、志得意满。因此作品的主旨要有“施政教，适性情”的功能，内容上要“歌颂圣德，施之诏诰典册以申命行事”，在表达感情时，要“适性情之正”，抒写“爱亲忠君之念，咎己自悼之怀”。总之，作为一种文学形式，它立意平庸，既缺乏艺术创造和对自我情感的剖析，也缺乏对社会生活的关怀。

台阁体文人大多追慕宋人的文学风范，董其昌曾说：“自杨文贞而下，皆以欧、曾为范。”但这种追慕，更多的是以程朱理学为前提，距宋人的文学成就相去甚远。因此，以台阁体主导文人的社会影响而论，如果按照这一方向走下去，无疑会将文学引向绝境。因此台阁体在统治明朝前期文坛几十年后，终因流弊日益突出，饱受抨击而逐渐退出文坛。

## 古文运动

中国唐代中叶及北宋时期以提倡古文、反对骈文为特点的文体改革运动（涉及文学，亦兼有思想运动和社会运动的性质）。这一运动发起于中唐，成于北宋。

古文运动公认的领袖是韩愈，他最先提出古文的概念，视六朝以来讲究声律、辞藻、排偶的骈文为俗下文字，认为自己的散文继承了先秦两汉时期文章的传统，故称之为“古文”。韩愈还进一步强调要文以明道。道，即儒道。文道合一，以道为主，这是韩愈倡导的古文运动的基本观点。他还积极实践自己的主张，写了许多优秀的作品，大大提高了古文的水平。古文运动中的另一位大家柳宗元也取得了相当的成就。由于韩愈、柳宗元的大力倡导和创作，唐代后期古文写作极盛，质朴流畅的散体终于取代骈体，成为文坛的主要风尚。值得一提的是，韩愈的古文本有“文从字顺”和“怪怪奇奇”两种风格，但由于其追随者片面发展了韩文奇崛艰深的一面，古文运动逐渐走向衰落，骈文重又占据了主导地位。

到了北宋，王禹偁开始提倡“韩柳文章李杜诗”，同时还把“传道而明心”和“句易通、义易晓”作为古文写作的标准，纠正了唐代后期古文风的流弊。王禹偁之后，为古文运动做出较大贡献的是欧阳修等人。欧阳修进一步开创了平易实用、骈散结合的古文新体制，使之成为宋代古文的基本特色，嘉祐二年（1057年）是古文运动史上极为重要的一年。这一年，欧阳修主持礼部考试，苏轼、苏辙和曾巩都被录取为进士。再加上苏洵、王安石等人，欧阳修周围集结了一大批优秀的古文家。虽然他们的政见和文学主张各有不同，但都写出了为后世典范的古文名篇，如欧阳修的《五代史·伶官传序》《醉翁亭记》《秋声赋》，苏洵的《六国论》，苏轼的《石钟山记》《赤壁赋》，王安石的《答司马谏议书》《读孟尝君传》《游褒禅山记》等。这些文章平易流畅、文采飞扬，为后世所传颂。从此，古文更是日益兴盛，并从此取代骈文占据了文坛的主导地位，支配文坛一千余年，直到“新文化运动”以后，才被白话文所取代。

# 前七子、后七子

“前七子”“后七子”都是明代的文学流派。“前七子”以李梦阳、何景明为代表，还包括徐祯卿、边贡、康海、王九思、王廷相。“前七子”在谈到自己的使命时说：“梦阳才思雄鸷，卓然以复古自命……倡言文必秦汉，诗必盛唐，非是者弗道。”学古尽管不是前七子文学理论的唯一宗旨，但确实是其中最核心的主张。对于诗歌学古应取法的榜样，“前七子”的看法基本一致，即古体诗以汉魏为师，旁及六朝；近体诗以盛唐为师，旁及初唐；而中唐，尤其是宋元以下，则不足为法。在散文方面，“文必秦汉”之说只有康海、王九思提过。对于学古的具体方法，李、何之间存在分歧。简言之，李偏重音声句法，何偏重修辞结构；何不像李那样主张“尺寸古法”，而提出“舍筏登岸”（《与李空同论诗书》）。

“后七子”以李攀龙、王世贞为代表，还包括谢榛、宗臣、梁有誉、徐中行、吴国伦。他们与“前七子”此唱彼和，声应气求，在复古的基本倾向上如出一辙。李攀龙曾“高自夸许，诗自天宝以下，文自西京以下，誓不污我毫素也”（《列朝诗集小传》）。“后七子”中声望最高、影响最大的是王世贞。他主张诗歌要华与实统一，提倡“学古而化”。其诗歌反映现实的内容较多，对时弊多有揭露和批判。

"前七子"与"后七子"作为以复古求革新的文学派流，在改变台阁体、八股文陈腐僵化的文风方面有不可忽略的历史功绩。但由于其作品与古人雷同，缺乏新意，渐渐引起广泛的不满，在公安派、竟陵派的攻击下逐渐退出文坛。

## 公安派

明代后期的一个文学派别，该派以提倡"性灵"著称，领袖是荆州公安县的袁宗道、袁宏道、袁中道，史称"公安三袁"。

袁宗道（1560—1600年），字伯修，明万历十四年中进士，历任翰林院编修，春坊右庶子等职；袁宏道（1568—1610年），字中郎，万历二十年中进士，历任吴县知县，吏部验封司主事等职；袁中道（1570—1626年），字小修，万历年四十四年中进士，历任徽州教授、南京吏部郎中等职。三人为同胞兄弟，都是著名的文学家。其中，袁宏道成就最高，名声最著。

明代自弘治到万历中期，"前七子"与"后七子"（"前七子"以李梦阳、何景明为首；到万历期间，以王世贞、李攀龙为首的"后七子"步其后尘，有加无已。风气所及，一时有所谓"前五子""后五子""广五子""续五子""末五子"之类层出不穷）相继统治文坛长达百年之久。他们"文必秦汉""诗必盛唐"，摹拟之风盛行。许多文人学者对"前七子"的文学主张颇有微词。当时，正值"后七子"领袖王世贞、李攀龙之学盛行，袁氏兄弟极力反对：袁宗道在翰林院与同僚黄辉力排其说；万历二十三年到二十四年，袁宏道在吴县县令任内，会集江南进步文人学士，吟诗撰文，抨击“后七子”，提出了“独抒性灵、不拘格套”，“从真情实境中流出”的文学主张，这就是“公安派”的旗帜。后来，由“三袁”兄弟发起，“公安派”文人在北京城西崇国寺组织“蒲桃社”，继续进行反复古运动。对于“公安派”，钱谦益曾评道：“中郎（袁宏道）之论出，王、李之云雾一扫，天下之文人才士，始知疏瀹心灵，搜剔慧性，以荡涤摹拟涂泽之病，其功伟矣。”

袁宗道、袁宏道去世后，袁中道继承并完成了“公安派”的学说。除了巩固兄长的理论成果外，他在各方面都有新的创见，还被认为是“下启竟陵派第一人”。“三袁”的文学主张和清新婉丽的作品，不仅对当时文坛的发展起了推动作用，还对以后几百年的文化发展乃至“新文化运动”都产生了积极的影响。

## 江左三大家

“江左三大家”是指由明入清而又曾仕清的著名诗人钱谦益、吴伟业和龚鼎孳。这三人中，龚鼎孳（1615—1673年）较少特色，而钱谦益与吴伟业均居于诗坛领抽的地位。钱谦益宗宋诗，吴伟业尊唐调，两人各立门户，都是清代首开风气的诗人，影响很大。

钱谦益（1582—1664年），字受之，号牧斋，人称牧翁，常熟（今属江苏）人，著有《初学集》110卷、《有学集》50卷。钱谦益主持文坛近50年，反对诗应该摹拟形似，也反对片面追求声律字句，主张写诗要“有本”“有物”。他激烈攻击前后“七子”的“诗必盛唐”说，提倡宋元诗，一时蔚为风气。钱谦益的诗作沉郁藻丽、才华雄健，出入李杜韩白苏陆之间，能融会唐宋诗于一炉，确有一定的功力。

吴伟业（1609—1672年），字骏公，号梅村，太仓（今属江苏）人，留有《吴梅村集》40卷，存诗约1000多首。吴诗华艳绮丽、缠绵凄恻，明亡后，其诗更显得苍凉凄楚、风骨遒劲。他写诗喜欢摹拟唐人格调，但也有自己的特色。其中以五言古诗、七言古诗，特别是七言歌行最为有名。其诗追怀往事，自伤生平，是最能表现他的风格和才力的题材，如《圆圆曲》《临江参军》《松山哀》《萧史青门曲》《楚两生行》《听女道士卞玉京弹琴歌》《悲歌赠吴季子》等，都是他的代表之作。他用这种长篇叙事诗记载明亡前后复杂的历史，不仅抒发了儿女之情，更重要的是寄托了兴亡之感。其诗婉转苍凉，感人至深。他的歌行体在叙事方面深受白居易的影响，但在用事和词藻方面，则更接近于李商隐。他实际上是把李商隐色泽浓丽的笔法与元白诗派善于铺排的特点结合起来，使其歌行体沉郁苍凉、气势磅礴、语言华丽、律度严整、音色并妙，在创作上形成了自己特有的风格。

# 桐城派

桐城派是清代散文的重要流派，因其主要代表人物方苞、刘大櫆、姚鼐都是安徽桐城人而得名。

方苞（1668—1749年）首标“义法”为文章纲领。义指的是文章的思想内容，法指的是文章的表现形式。“义法”就是要求文章做到两者的统一。他所重者在于“法”，要求文章取舍精当，结构布局合理，以及语言文字雅洁。方苞写物传文、碑铭时，往往择取最能表现人物生平大节的事迹，而撇开一般的细枝末节，颇能体现剪裁的匠心。他的文章结构严谨，条理清晰，如方苞的《狱中杂记》记事虽多，但都是围绕当时的治狱之弊来写，多而不杂，繁而有序。方苞对于语言典雅、简约的要求更为严格，且多为后代桐城派文人遵守。

刘大櫆（1698—1779年）进一步发展了方苞的“义法”说，提出了“神气”“音节”“字句”为文章要素的理论。“神气”即文章的气势和风格，通过具体的章节和字句去表现，因此刘大櫆格外重视音调节奏。他本人的文章音调高朗，读起来铿锵有力，抑扬顿挫。桐城派把作文的音节作为通往古文殿堂的钥匙，学习古人作品，会通其神气，亦从诵读音节入手。

姚鼐（1731—1816年）继承了方、刘的理论，但由于他生在乾嘉考据学风盛行之际，为文往往发挥义理，而辅以考证，更为笃实谨严。他的一些游记以记叙精确为特色。在语言上，“洁净”可视为他的特色，如他的名篇《登泰山记》最后一段：

“山多石，少土；石苍黑色，多平方，少圜。少杂树，多松，生石罅，皆平顶。冰雪，无瀑水，无鸟兽音迹。至日观数里内无树，而雪与人膝齐。”

此段皆为短句，无一赘语，体现了他为文精确的特点。

简言之，裁减精当，结构严谨，条理清晰，文辞雅洁，声调顿挫，辅以说理考证，就是清代桐城派古文的特色。

## 讲史小说

中国古代话本小说的一种。宋元时期，说书艺人把历史加工为故事。有的故事较长，要分几次才能讲完。这些讲史的故事很受时人欢迎。从流传下来的《武王伐纣平话》《东周列国志》《隋唐演义》《三国志平话》《五代史平话》等看，随着讲史形式的发展，讲史小说已经开始有了后世章回体的雏形。到了明代，讲史小说分成两支，一是“历史演义”，如《东周列国志》《三国演义》等；二是“英雄传奇”，如《水浒传》《说岳全传》等。“历史演义”多以正史为蓝本，以忠于史实相号召，这在仍是讲史时期的当时，颇有广告效应，因为人们喜欢听“真实”的故事。“英雄传奇”也写历史人物，但多取材于民间传说和野史，虚构的成分居多。讲史小说对于传播历史知识有着积极的意义，也出过一些凤毛麟角的作品，像人们熟知的《三国演义》《隋唐演义》等，都是讲史作品中的经典之作。

## 神魔小说

明代后期在通俗小说领域中兴起的一类小说。“神魔小说”之名来自鲁迅先生。在《中国小说史略·明之神魔小说》中，他首次称一批表现神魔斗法故事的作品为“神魔小说”。这类小说受宗教思想的引导，加上古代神话、六朝志怪以及唐代传奇、宋元话本的影响，得以成型。神魔小说与讲究相对正统的历史演义、英雄传奇等不同，它的主要特征是奇幻，以神魔怪异为主题，又参照现实生活中的政治、伦理、宗教等方面的矛盾和斗争，比附性地编织种种情节。在这类作品中，出现最早的《西游记》为代表，其他如《三遂平妖传》《东游记》《南游记》《北游记》《封神演义》《三宝太监下西洋通俗演义》等也流传较广。这些小说很多是以凡人为主人公。作者往往通过凡人的活动，如西天取经、兴兵伐纣、远航西洋等为展开情节的线索，然后突出神魔间的较量。发展到后来，一些以神魔为主人公，以斗法为主要情节的小说也被列入此类，如《飞剑记》《铁树记》《咒枣记》《韩湘子全传》《绿野仙踪》《女仙外史》等。由此，“神魔小说”正式成为明清小说中的一种重要类型。虽然神魔小说受宗教，尤其是佛教、道教的影响很大，但最终没有脱离中国古代小说的志怪传统。

# 世情小说

所谓世情小说，就是以“极摹人情世态之歧，备写悲欢离合之致”为主要特点的一类小说。世情小说，可追溯到魏晋时期以前，但从晚明时批评界开始流行的“世情书”的概念来看，主要是指宋元时期以后内容世俗化、语言通俗化的一类小说。从鲁迅《中国小说史略》起，学术界一般又用世情小说（或人情小说）专指描写世俗人情的长篇。于是，鲁迅称之为“最有名”的《金瓶梅》，就常常被看作是世情小说的开山之作。

《金瓶梅》，我国小说史上第一部由文人独立创作的长篇白话小说，共一百回，约九十万字，写了七百多个人物。小说开头几回，借《水浒传》中武松杀潘金莲一段故事做引子，展开故事情节，虽写的是宋代，但实际上影射的是明朝的世俗生活。小说成功地塑造了西门庆、潘金莲、李瓶儿、宋惠莲、应伯爵等形象。《金瓶梅》着力描写西门庆家内部妻妾间的争宠斗妍，但这种描写不是孤立的，它不但直接涉及了朝廷内部的斗争，而且把西门之家和官府、朝廷的彼此勾结连缀描写，暴露了明代官场的黑暗，政治的腐朽。

《金瓶梅》之后，明清两代的世情小说或写情爱婚姻，或写家庭纠纷，或描绘广阔的社会生活，或专注讥刺儒林、官场、青楼，内容丰富，色彩斑斓。其中，明末清初的《好逑传》《玉娇梨》《平山冷燕》等作品，将婚姻爱情故事与社会生活相联系，是《金瓶梅》与《红楼梦》之间的桥梁。《红楼梦》的出现，标志着世情小说创作的顶峰，它全景式地再现了一个贵族家族的末世景象。鲁迅曾说："自有《红楼梦》出来以后，传统的思想和写法都打破了。"此外，《醒世姻缘传》《歧路灯》也是展现当时世态人情的风俗画卷。

在纷纭的世情小说中，写世态人情的占大部分，但也有很多世情小说中充斥着大量露骨的性描写。小说的本意也并非诲淫，而仅仅是一种艺术表现手法，表达了对现实的讽喻，当然，有些世情小说以此为主要刻画内容来迎合淫邪媚俗之徒，这就是世情小说之下品了。

## 才子佳人小说

世情小说的一种。明末清初之际，"历史演义""神魔小说"的浪潮过后，迎来了"才子佳人小说"的繁荣时代，《平山冷燕》《好逑传》《玉娇梨》等作品相继问世。才子佳人小说以歌颂爱情为题材，本来可以写得美好动人，但因作者多为穷困不得志的下层知识分子，结果作品千人一面，千部一腔，充斥着大量的俗滥之作：小说的主人公往往是贵族出身的青年男女，郎有定邦之才，女有骄人之貌。二人一见钟情，订下终身。这时，出现豪门权贵或阴险小人，千方百计地挑拨，从中作梗。经过曲折的斗争，小人的阴谋被粉碎，才子克服种种困难，金榜题名，有情人终成眷属。在这类小说中，才子佳人都有奇才奇情；才子先是英雄失路，佳人则慧眼识珠；二人因都饱有才学，时常以诗文传情。

才子佳人小说的作者多不得志，其毕生追求的洞房花烛夜、金榜题名时的愿望不能实现，因此才借小说来满足自己对功名和情欲的渴望。这类小说的篇幅一般在十六回到二十回之间。

有趣的是，这些被国人批为酸腐十足的小说，在国外文人的眼中却是绝好的上品。德国大诗人歌德在读了这些小说的德译本后，对遥远的东方古国神往不已。据《歌德谈话录》记载，歌德曾动情地说："故事里穿插着无数的典故，援引起来很像格言，如说一个姑娘步履轻盈，站在一朵莲花上，花竟没有损伤；还有一个颇具才干的年轻人，三十岁就荣幸地和皇帝谈了话；又有一对相互钟情的男女在长期相识中十分纯洁自爱，有一次，二人不得不在一间房间里过夜，就说了一夜的话，谁也不招惹谁……"据后人考证，歌德提到的正是《好逑传》。

## 公案小说

中国古典小说的一种。由宋话本公案类演义而成，盛行于明清时期。是和案件有关的小说。但凡案件，必有故事性或传奇色彩，这在古今基本相同。在宋代时，就有民间说书艺人"说公案"，其内容多为社会上发生的各类案件，包括斗殴、冤情、奸情、凶杀、打家劫舍等，很能吸引公众的眼球，是人们日常乐于谈论的话题。

公案小说最初都比较短，像《错斩崔宁》《三现身包龙图断案》等。明代以后，公案小说极为繁荣，开始出现长篇，如《包公案》《施公案》《海公案》《龙公案》等。公案小说的行文构思简明，缺少文学技巧，无外乎案发、告状、论判，最后清官结案，真相大白。但这类小说贴合民众心理，因此很受欢迎。清代嘉庆、道光以后，公案小说有了新发展，主人公的身份更加丰富，比如行侠仗义的侠客等，很受百姓喜爱。这类人物的出现让公案小说多了曲折的情节，内容也越发丰富。比较有代表性的小说有《七侠五义》《彭公案》等。

## 谴责小说

晚清的一个小说流派。“戊戌变法”被镇压后，清廷内政反动腐朽，外交软弱无能，国势衰微到了极点。在这样的时势下，小说界出现了大量抨击时政、揭露官场阴暗与丑恶的作品。鲁迅将这类小说的特点概括为“揭发伏藏，显其弊恶，而于时政，严加纠弹，或更扩充，并及风俗”（《中国小说史略》），故称之为“谴责小说”。

谴责小说的题材和内容涉及社会生活的各个领域，如官场、商界、华工、女界、战争，以写官场最为普遍。这类小说的风格很尖锐，但在其出现最初，为了适应报纸连载，往往缺乏较充裕、完整的构思和写作时间，因此小说的结构不够严密，多属连缀短篇成长篇的性质，缺乏贯穿始终的中心人物。在表现手法上，“辞气浮露、笔无藏锋”，缺乏含蓄，描写夸大失实，不足显而易见。因此，鲁迅称其为谴责小说，就是说它还称不上“讽刺小说”。

谴责小说的代表作有李伯元的《官场现形记》、吴趼人的《二十年目睹之怪现状》、刘鹗的《老残游记》、曾朴的《孽海花》等。除此之外，还有黄小配的《计载繁华梦》和无名氏的《官场维新记》《苦社会》等。在这些代表作品中，有不足也有突破，如《二十年目睹之怪现状》里的九死一生，《老残游记》里的老残，《孽海花》里的金雯青、傅彩云，虽是贯穿全书的人物，但主要起着连缀情节的作用，缺少完整的典型塑造。但鲁迅认为，《老残游记》“叙景状物，时有可观”，《孽海花》“文采斐然”。个别小说如《九命奇冤》还受西方翻译小说的影响，以倒叙手法交代事情的前因后果，突破了传统的写作藩篱。总而言之，谴责小说和现实政治、大众需求关系较紧密，顺应时势而生，意义不言自明；在艺术上，该类小说没有取得特别的成就，与明代及清代中期的小说相比，其艺术表现力实际上是衰退的。

## 诗言志

中国诗歌理论的“开山纲领”（朱自清语）。《尚书·尧典》云：“诗言志，歌永言。”上古时代，“诗”即歌词，歌词要能表达一定的意义，这就是“诗言志”的本义。上古时代的乐歌后来被汇编为

《诗经》，孔子曾以它作为教材，认为“不学诗，无以言”。孔子又说“《诗》三百，一言以蔽之，曰：思无邪，将《诗经》的内涵简单化，纯净化。到了汉代，经学家赋予了《诗经》诸多特定的含义。他们认为：“诗者，志之所之也，在心为志，发言为诗”“《诗》二三百篇，大抵贤圣发愤之所为作也”“先王以是经夫妇，成孝敬，厚人伦，美教化，移风俗”。《诗经》从此由最初的纯净化变得具有特定的政治和伦理内涵，地位变得崇高万分。“诗言志”从以歌词传达意韵变成了有着深刻内涵的命题。一言以蔽之，“诗言志”即诗必须充满道德情怀和政治理想。这个观点被历代文人所追捧，拥趸无数。

西晋陆机提出了“诗缘情”，认为诗歌源自内心的情感。此观点一出，无异于在向传统宣战：“言志”，表达的是修齐治平的志向抱负；“缘情”，却强调人的七情六欲。二者一度成了对立面。陆机的理论虽也有众多应者，但终难撼动“诗言志”的正统地位。因为在传统封建社会，很多诗歌的作者或出将入相或晴耕雨读或候补待命，他们多将诗歌作为抒发抱负、理想的一种工具，如陶渊明的《饮酒二十首》、柳宗元的《早梅》、林逋的《山园小梅二首》、李纲的《病牛》等，作者咏物言志的心意再明显不过。

## 美　刺

汉代关于诗歌功能的一种观念。清代人程廷祚云：“汉儒言诗，不

过美刺二端。”（《诗论十三再论刺诗》）

“美”即歌颂，“刺”即讽刺。美，《毛诗序》在论述《诗经》中的《颂》篇时曾云：“美盛德之形容，以其成功告于神明者也”；刺，《毛诗序》在论述《国风》时曾云“下以讽刺上”。由于《诗经》的风格温柔敦厚，因此其主题被后人概括为“美刺”。早在先秦时期，人们就已经认识到诗歌美刺的功能，如在《国语》中，召公曾谏厉王道：“天子听政，使公卿至于列士献诗……而后王斟酌焉。是以事行而不悖。”此处，供天子“斟酌”的诗，就包含着美刺的内容。《诗经》中这样的篇章更为多见，如《卫风·木瓜》：“美齐桓公也。”《大雅·云汉》：“美周宣王也。”《邶风·雄雉》：“刺卫宣公也。”汉儒给《诗经》增添了浓重的美刺主题，这与汉儒参政有着密切的关联。由于统治者在提倡美诗的同时，也认识到刺诗有一定的用处，可“观风俗，知得失”，因此鼓励这种文学作品（统治者从维护自身尊严和维护封建礼治出发，又对刺诗作了种种限制，如强调“主文而谲谏”、“止乎礼义”等），于是《诗经》理所当然地披上了美刺的外衣，成了一部“谏书”。在此后相当长的一段时间里，“美刺”被视为诗歌创作的正统原则，经久不衰。

## 温柔敦厚

“温柔敦厚”是儒家的传统诗教，即以《诗经》教化人民。孔子曾说："入其国，其教可知也；其为人也，温柔敦厚，《诗》教也。"大意是说：进入一个国家，就会知道该国所施行的教化，如果百姓温柔忠厚，那么就是《诗经》教化的结果。汉代儒学家认为，《诗经》的语言"发乎情，止乎礼义""哀而不伤，怨而不怒"，即使对君主抱怨，也不失忠厚之心。这种"怨而不怒"的情怀后被引入文学作品中，被定义为一种诗歌原则，如唐代著名诗人白居易写有很多新乐府诗，像《卖炭翁》《杜陵叟》《红线毯》等。诗人关注民生，对人民抱有无限的同情，按说其诗会触怒权贵，但恰恰因为诗人抱着"温柔敦厚""上以补察时政，下以泄导人情"的初衷，故虽言辞尖刻，却仍居高位，被视为忠臣。南宋大儒朱熹注释《楚辞》，为屈原翻案，言其并没有骂楚怀王，认为屈原对故国有着无限的依恋，"何尝有一句是骂怀王"，这也是在塑造一个"温柔敦厚"的诗人形象。

## 文以载道

"文以载道"是传统文学的一个重要观念。宋代周敦颐在《周子通书·文辞》中云："文所以载道也，轮辕饰而人弗庸，徒饰也，况虚车乎？"并自加题注："此言文以载道，人乃有文而不以道，是犹虚车而不济于用者。"这里的"道"，指儒家思想，意为将文章作为载道的工具。"以文载道"的说法早在宋代前就有，但到了周敦颐这里，此四字方被拿来进行精确表述。由于理学在宋代一度被奉为官学，因此"以文载道”被视为正统文学的最高境界（所谓“正统文学”指写诗作文，由此，“文以载道”与“诗言志”便构成了“正统文学”的两大基本观念）。文，是一种方式；道，为最终目的。“文以载道”在今天意义已十分宽泛，道不再限于儒家学说，而是泛指各种思想、道理。

# 诗词名句

# 自然风光

池塘生春草，园柳变鸣禽。（《登池上楼》南朝宋·谢灵运）

蝉噪林愈静，鸟鸣山更幽。（《入若耶溪》南朝梁·王籍）

春江潮水连海平，海上明月共潮生。（《春江花月夜》唐·张若虚）

江流天地外，山色有无中。（《汉江临眺》唐·王维）

大漠孤烟直，长河落日圆。（《使至塞上》唐·王维）

明月松间照，清泉石上流。（《山居秋暝》唐·王维）

忽如一夜春风来，千树万树梨花开。（《白雪歌送武判官归京》唐·岑参）

细雨鱼儿出，微风燕子斜。（《水槛遣心二首》唐·杜甫）

两个黄鹂鸣翠柳，一行白鹭上青天。（《绝句》唐·杜甫）

好雨知时节，当春乃发生。随风潜入夜，润物细无声。（《春夜喜雨》唐·杜甫）

春潮带雨晚来急，野渡无人舟自横。（《滁州西涧》唐·韦应物）

曲终人不见，江上数峰青。（《省试湘灵鼓瑟》唐·钱起）

月落乌啼霜满天，江枫渔火对愁眠。（《枫桥夜泊》唐·张继）

日出江花红胜火，春来江水绿如蓝。（《忆江南》唐·白居易）

天街小雨润如酥，草色遥看近却无。（《早春呈水部张十八员外》

唐·韩愈）

千山鸟飞绝，万径人踪灭。（《江雪》唐·柳宗元）

停车坐爱枫林晚，霜叶红于二月花。（《山行》唐·杜牧）

溪云初起日沉阁，山雨欲来风满楼。（《咸阳城东楼》唐·许浑）

沾衣欲湿杏花雨，吹面不寒杨柳风。（《绝句·古木阴中系短篷》南宋·志南）

绿杨烟外晓寒轻，红杏枝头春意闹。（《玉楼春·春景》宋·宋祁）

竹外桃花三两枝，春江水暖鸭先知。（《惠崇春江晚景二首》宋·苏轼）

一年好景君须记，最是橙黄橘绿时。（《赠刘景文/冬景》宋·苏轼）

春风又绿江南岸，明月何时照我还。（《泊船瓜洲》宋·王安石）

等闲识得东风面，万紫千红总是春。（《春日》宋·朱熹）

春色满园关不住，一枝红杏出墙来。（《游园不值》宋·叶绍翁）

接天莲叶无穷碧，映日荷花别样红。（《晓出净慈寺送林子方》宋·杨万里）

小楼一夜听春雨，深巷明朝卖杏花。（《临安春雨初霁》宋·陆游）

## 述志抒怀

带长剑兮挟秦弓，首身离兮心不惩。（《九歌·国殇》先秦·屈原）

路漫漫其修远兮，吾将上下而求索。（《离骚》先秦·屈原）

大风起兮云飞扬，威加海内兮归故乡。（《大风歌》汉·刘邦）

少壮不努力，老大徒伤悲。（《长歌行》汉·汉乐府》）

老骥伏枥，志在千里；烈士暮年，壮心不已。（《步出夏门行·龟虽寿》东汉·曹操）

丈夫志四海，万里犹比邻。（《赠白马王彪·并序》魏晋·曹植）

振衣千仞冈，濯足万里流。（《咏史八首·其五》晋·左思）

及时当勉励，岁月不待人。（《杂诗·人生无根蒂》晋·陶渊明）

安得倚天剑，跨海斩长鲸。（《临江王节士歌》唐·李白）

安能摧眉折腰事权贵，使我不得开心颜！（《梦游天姥吟留别》唐·李白）

长风破浪会有时，直挂云帆济沧海。（《行路难·其一》唐·李白）

天生我材必有用，千金散尽还复来。（《将进酒·君不见》唐·李白）

莫道桑榆晚，为霞尚满天。（《酬乐天咏老见示》唐·刘禹锡）

千淘万漉虽辛苦，吹尽狂沙始到金。（《杂曲歌辞·浪淘沙》唐·刘禹锡）

子规夜半犹啼血，不信东风唤不回。（《送春》宋·王令）

一点浩然气，千里快哉风。（《水调歌头·黄州快哉亭赠张偓佺》宋·苏轼）

莫等闲，白了少年头，空悲切！（《满江红》宋·岳飞）

生当作人杰，死亦为鬼雄。（《夏日绝句》宋·李清照）

壮心未与年俱老，死去犹能作鬼雄。（《书愤五首·其二》宋·陆游）

零落成泥碾作尘，只有香如故。（《卜算子·咏梅》宋·陆游）

不恨古人吾不见，恨古人不见吾狂耳。（《贺新郎·甚矣吾衰矣》

宋·辛弃疾）

不要人夸颜色好，只留清气满乾坤。（《墨梅》元·王冕）

粉身碎骨浑不怕，要留清白在人间。（《石灰吟》明·于谦）

封侯非我意，但愿海波平。（《韬钤深处》明·戚继光）

咬定青山不放松，立根原在破岩中。（《竹石》清·郑燮）

## 愁恨悲欢

战战兢兢，如临深渊，如履薄冰。（《诗经·小雅·小旻》）

白发三千丈，缘愁似个长。（《秋浦歌·其十五》唐·李白）

冠盖满京华，斯人独憔悴。（《梦李白二首·其二》唐·杜甫）

白日放歌须纵酒，青春作伴好还乡。（《闻官军收河南河北》唐·杜甫）

春风得意马蹄疾，一日看尽长安花。（《登科后》唐·孟郊）

自是人生长恨水长东。（《相见欢·林花谢了春红》五代十国·李煜）

问君能有几多愁？恰似一江春水向东流。（《虞美人》五代十国·李煜）

抽刀断水水更流，举杯消愁愁更愁。（《宣州谢朓楼饯别校书叔云》唐·李白）

十年一觉扬州梦，赢得青楼薄幸名。（《遣怀》唐·杜牧）

苦恨年年压金线，为他人作嫁衣裳。（《贫女》唐·秦韬玉）

此情可待成追忆，只是当时已惘然。（《锦瑟》唐·李商隐）

天长地久有时尽，此恨绵绵无绝期。（《长恨歌》唐·白居易）

别有幽愁暗恨生，此时无声胜有声。（《琵琶行》唐·白居易）

出师一表真名世，千载谁堪伯仲间。（《书愤五首·其一》宋·陆游）

羌笛何须怨杨柳，春风不度玉门关。（《凉州词二首·其一》唐·王之涣）

莫道不销魂，帘卷西风，人比黄花瘦。（《醉花阴·薄雾浓云愁永昼》宋·李清照）

寻寻觅觅，冷冷清清，凄凄惨惨戚戚。（《声声慢·寻寻觅觅》宋·李清照）

此情无计可消除，才下眉头，却上心头。（《一剪梅·红藕香残玉簟秋》宋·李清照）

少年不识愁滋味，爱上层楼。爱上层楼，为赋新词强说愁。（《丑奴儿·书博山道中壁》宋·辛弃疾）

人到愁来无处会，不关情处总伤心。（《和陈君仪读太真外传》宋·黄庭坚）

# 乡思离情

昔我往矣，杨柳依依。今我来思，雨雪霏霏。（《诗经·小雅·采薇》）

本是同根生，相煎何太急？（《七步诗》魏晋·曹植）

人归落雁后，思发在花前。（《人日思归》隋·薛道衡）

近乡情更怯，不敢问来人。（《渡汉江》唐·宋之问）

海上生明月，天涯共此时。（《望月怀远》唐·张九龄）

少小离家老大回，乡音无改鬓毛衰。（《回乡偶书二首·其一》唐·贺知章）

唯有门前镜湖水，春风不改旧时波。（《回乡偶书·其二》唐·贺知章）

举头望明月，低头思故乡。（《静夜思》唐·李白）

烽火连三月，家书抵万金。（《春望》唐·杜甫）

此夜曲中闻折柳，何人不起故园情。（《春夜洛城闻笛》唐·李白）

洛阳亲友如相问，一片冰心在玉壶。（《芙蓉楼送辛渐二首·其二》唐·王昌龄）

日暮乡关何处是，烟波江上使人愁。（《黄鹤楼》唐·崔颢）

独在异乡为异客，每逢佳节倍思亲。（《九月九日忆山东兄弟》唐·王维）

马上相逢无纸笔，凭君传语报平安。（《逢入京使》唐·岑参）

今夜月明人尽望，不知秋思落谁家。（《十五夜望月寄杜郎中》唐·王建）

露从今夜白，月是故乡明。（《月夜忆舍弟》唐·杜甫）

共看明月应垂泪，一夜乡心五处同。（《望月有感》唐·白居易）

谁言寸草心，报得三春晖。（《游子吟》唐·孟郊）

若为化得身千亿，散上峰头望故乡。（《与浩初上人同看山寄京华亲故》唐·柳宗元）

春风又绿江南岸，明月何时照我还。（《泊船瓜洲》宋·王安石）

但愿人长久，千里共婵娟。（《水调歌头·明月几时有》宋·苏轼）

## 友情、爱情

关关雎鸠，在河之洲。窈窕淑女，君子好逑。（《诗经·国风·周南·关雎》）

死生契阔，与子成说。执子之手，与子偕老。（《诗经·邶风·击鼓》）

江南无所有，聊赠一枝春。（《赠范晔诗》南北朝·陆凯）

相知何必旧，倾盖定前言。（《答庞参军》晋·陶渊明）

海内存知己，天涯若比邻。（《送杜少府之任蜀州》唐·王勃）

相知无远近，万里尚为邻。（《送韦城李少府》唐·张九龄）

浮云游子意，落日故人情。（《送友人》唐·李白）

桃花潭水深千尺，不及汪伦送我情。（《赠汪伦》唐·李白）

我寄愁心与明月，随风直到夜郎西。（《闻王昌龄左迁龙标遥有此寄》唐·李白）

请君试问东流水，别意与之谁短长。（《金陵酒肆留别》唐·李白）

莫愁前路无知己，天下谁人不识君。（《别董大》唐·高适）

青山一道同云雨，明月何曾是两乡。（《送柴侍御》唐·王昌龄）

劝君更尽一杯酒，西出阳关无故人。（《送元二使安西》唐·王维）

故人入我梦，明我长相忆。（《梦李白二首·其一》唐·杜甫）

正是江南好风景，落花时节又逢君。（《江南逢李龟年》唐·杜甫）

花径不曾缘客扫，蓬门今始为君开。（《客至》唐·杜甫）

同是天涯沦落人，相逢何必曾相识。（《琵琶行》唐·白居易）

人生自是有情痴,此恨不关风与月。（《玉楼春·尊前拟把归期说》宋·欧阳修）

若知四海皆兄弟，何处相逢非故人。（《阳关词》宋·陈刚中）

桃李春风一杯酒，江湖夜雨十年灯。（《寄黄几复》宋·黄庭坚）

红豆生南国，春来发几枝。劝君多采撷，此物最相思。（《相思》

唐·王维）

东边日出西边雨，道是无晴却有晴。（《竹枝词二首·其一》唐·刘禹锡）

人面不知何处去，桃花依旧笑春风。（《题都城南庄》唐·崔护）

在天愿作比翼鸟，在地愿为连理枝。（《长恨歌》唐·白居易）

曾经沧海难为水，除却巫山不是云。（《离思五首·其四》唐·元稹）

身无彩凤双飞翼，心有灵犀一点通。（《无题·昨夜星辰昨夜风》唐·李商隐）

春心莫共花争发，一寸相思一寸灰。（《无题四首》唐·李商隐）

春蚕到死丝方尽，蜡炬成灰泪始干。（《无题·相见时难别亦难》唐·李商隐）

欲寄彩笺兼尺素，山长水阔知何处？（《蝶恋花·槛菊愁烟兰泣露》宋·晏殊）

天涯地角有穷时，只有相思无尽处。（《玉楼春·春恨》宋·晏殊）

衣带渐宽终不悔，为伊消得人憔悴。（《蝶恋花·伫倚危楼风细细》宋·柳永）

两情若是久长时，又岂在朝朝暮暮。（《鹊桥仙·纤云弄巧》宋·秦观）

金风玉露一相逢，便胜却人间无数。（《鹊桥仙·纤云弄巧》宋·秦观）

月上柳梢头，人约黄昏后。（《生查子·元夕》宋·欧阳修）

问世间情为何物，直教人生死相许。（《摸鱼儿·雁丘词》金·元好问）

## 哲思理趣

非必丝与竹，山水有清音。（《招隐诗·其一》魏晋·左思）

年年岁岁花相似，岁岁年年人不同。（《代悲白头翁》唐·刘希夷）

人事有代谢，往来成古今。（《与诸子登岘山》唐·孟浩然）

欲穷千里目，更上一层楼。（《登鹳雀楼》唐·王之涣）

会当凌绝顶，一览众山小。（《望岳》唐·杜甫）

细推物理须行乐，何用浮名绊此身。（《曲江二首》唐·杜甫）

尔曹身与名俱灭，不废江河万古流。（《戏为六绝句·其二》唐·杜甫）

野火烧不尽，春风吹又生。（《赋得古原草送别》唐·白居易）

沉舟侧畔千帆过，病树前头万木春。（《酬乐天扬州初逢席上见赠》唐·刘禹锡）

请君莫奏前朝曲，听唱新翻杨柳枝。（《杨柳枝词九首·其一》唐·刘禹锡）

只在此山中，云深不知处。（《寻隐者不遇》唐·贾岛）

夕阳无限好，只是近黄昏。（《乐游原》唐·李商隐）

天意怜幽草，人间重晚晴。（《晚晴》唐·李商隐）

疾风知劲草，板荡识诚臣。（《赠萧瑀传》唐·李世民）

不畏浮云遮望眼，只缘身在最高层。（《登飞来峰》宋·王安石）

不识庐山真面目，只缘身在此山中。（《题西林壁》宋·苏轼）

人生到处知何似，应似飞鸿踏雪泥。（《和子由渑池怀旧》宋·苏轼）

等闲识得东风面，万紫千红总是春。（《春日》宋·朱熹）

问渠哪得清如许，为有源头活水来。（《观书有感》宋·朱熹）

山重水复疑无路，柳暗花明又一村。（《游山西村》宋·陆游）

江山代有才人出，各领风骚数百年。（《论诗五首·其二》清·赵翼）

落红不是无情物，化作春泥更护花。（《己亥杂诗（其五）》清·龚自珍）

## 忧国忧民

鸿雁于飞，哀鸣嗷嗷。（《诗经·小雅·鸿雁》）

白骨露于野，千里无鸡鸣。（《蒿里行》东汉·曹操）

捐躯赴国难，视死忽如归。（《白马篇》魏晋·曹植）

生女犹得嫁比邻，生男埋没随百草。（《兵车行》唐·杜甫）

边庭流血成海水，武皇开边意未已。（《兵车行》唐·杜甫）

风尘三尺剑，社稷一戎衣。（《重经昭陵》唐·杜甫）

向北望星提剑立，一生长为国家忧。（《渔阳将军》唐·张为）

愿得此身长报国，何须生入玉门关。（《塞上曲二首·其二》唐·戴叔伦）

欲将血泪寄山河，去洒东山一抔土。（《上枢密韩公、工部尚书胡公》宋·李清照）

楼船夜雪瓜洲渡，铁马秋风大散关。（《书愤五首·其一》宋·陆游）

僵卧孤村不自哀，尚思为国戍轮台。（《十一月四日风雨大作》宋·陆游）

王师北定中原日，家祭无忘告乃翁。（《示儿》宋·陆游）

位卑未敢忘忧国，事定犹须待阖棺。（《病起书怀》宋·陆游）

人生自古谁无死，留取丹心照汗青。（《过零丁洋》宋·文天祥）

臣心一片磁针石，不指南方不肯休。（《扬子江》宋·文天祥）

山河频入梦，风雨独关心。（《有感·其二》元·王冕）

一自悲风生易水，千秋白日贯长虹。（《读荆轲传作六首·其一》清·屈大均）

青山处处埋忠骨，何须马革裹尸还。（《己亥杂诗之一》清·龚自珍）

苟利国家生死以，岂因祸福避趋之。（《赴戍登程口占示家人二首》清·林则徐）

杜鹃再拜忧天泪，精卫无穷填海心。（《赠梁任父同年》清·黄遵宪）

拼将十万头颅血，须把乾坤力挽回。（《黄海舟中日人索句并见日

俄战争地图》清·秋瑾）

我自横刀向天笑，去留肝胆两昆仑。（《狱中题壁》清·谭嗣同）

## 边塞军旅

万里赴戎机，关山度若飞。（《木兰诗》南北朝·佚名）

宁为百夫长，胜作一书生。（《从军行》唐·杨炯）

愿将腰下剑，直为斩楼兰。（《塞下曲六首·其一》唐·李白）

由来征战地，不见有人还。（《关山月》唐·李白）

一身转战三千里，一剑曾当百万师。（《老将行》唐·王维）

秦时明月汉时关，万里长征人未还。（《出塞二首·其一》唐·王昌龄）

黄沙百战穿金甲，不破楼兰终不还。（《从军行七首·其四》唐·王昌龄）

醉卧沙场君莫笑，古来征战几人回。（《凉州词二首·其一》唐·王翰）

战士军前半死生，美人帐下犹歌舞。（《燕歌行》唐·高适）

射人先射马，擒贼先擒王。（《前出塞九首·其六》唐·杜甫）

落日照大旗，马鸣风萧萧。（《后出塞五首》唐·杜甫）

战血流依旧，军声动至今。（《风疾舟中伏枕书杯三十六韵奉呈湖南亲友》唐·杜甫）

欲将轻骑逐，大雪满弓刀。（《和张仆射塞下曲·其三》唐·卢纶）

男儿何不带吴钩，收取关山五十州。（《南园十三首·其五》唐·李贺）

三十功名尘与土，八千里路云和月。（《满江红·写怀》宋·岳飞）

醉里挑灯看剑，梦回吹角连营。（《破阵子·为陈同甫赋壮词以寄之》宋·辛弃疾）

一年三百六十日，多是横戈马上行。（《马上作》明·戚继光）

新栽杨柳三千里，引得春风度玉关。（《恭诵左公西行甘棠·其二》清·杨昌浚）

## 闲情逸致

目送归鸿，手挥五弦。俯仰自得，游心太玄。（《赠秀才入军·其十四》魏晋·嵇康）

采菊东篱下，悠然见南山。（《饮酒·其五》晋·陶渊明）

春眠不觉晓，处处闻啼鸟。（《春晓》唐·孟浩然）

桃花流水窅然去，别有天地非人间。（《山中问答》唐·李白）

且就洞庭赊月色，将船买酒白云边。（《游洞庭湖五首·其二》唐·李白）

行到水穷处，坐看云起时。（《终南别业》唐·王维）

坐看苍苔色，欲上人衣来。（《书事》唐・王维）

人闲桂花落，夜静春山空。（《鸟鸣涧》唐・王维）

曲径通幽处，禅房花木深。（《题破山寺后禅院》唐・常建）

掬水月在手，弄花香满衣。（《春山夜月》唐・于良史）

晚来天欲雪，能饮一杯无。（《问刘十九》唐・白居易）

因过竹院逢僧话，偷得浮生半日闲。（《题鹤林寺僧舍》唐・李涉）

草色人心相与闲，是非名利有无间。（《洛阳长句二首》唐・杜牧）

细数落花因坐久，缓寻芳草得归迟。（《北山》宋・王安石）

云淡风轻近午天，傍花随柳过前川。（《春日偶成》宋・程颢）

有约不来过夜半，闲敲棋子落灯花。（《约客》宋・赵师秀）

闲坐小窗读周易，不知春去几多时。（《暮春即事》宋・叶采）

## 怀古咏史

精卫衔微木，将以填沧海。（《读山海经十三首》晋・陶渊明）

前不见古人，后不见来者。（《登幽州台歌》唐・陈子昂）

宫女如花满春殿，只今惟有鹧鸪飞。（《越中览古》唐・李白）

出师未捷身先死，长使英雄泪满襟。（《蜀相》唐・杜甫）

千载琵琶作胡语，分明怨恨曲中论。（《咏怀古迹（其三）》唐・杜甫）

不见只今汾水上，唯有年年秋雁飞。（《汾阴行》唐・李峤）

旧时王谢堂前燕，飞入寻常百姓家。（《金陵五题·并序·乌衣巷》唐·刘禹锡）

山围故国周遭在，潮打空城寂寞回。（《金陵五题·并序·石头城》唐·刘禹锡）

历览前贤国与家，成由勤俭败由奢。（《咏史二首·其二》唐·李商隐）

东风不与周郎便，铜雀春深锁二乔。（《赤壁》唐·杜牧）

江东子弟多才俊，卷土重来未可知。（《题乌江亭》唐·杜牧）

商女不知亡国恨，隔江犹唱后庭花。（《泊秦淮》唐·杜牧）

白头宫女在，闲坐说玄宗。（《行宫》唐·元稹）

时来天地皆同力，运去英雄不自由。（《筹笔驿》唐·罗隐）

凭君莫话封侯事，一将功成万骨枯。（《己亥岁二首·僖宗广明元年》唐·曹松）

大江东去，浪淘尽，千古风流人物。（《念奴娇·赤壁怀古》宋·苏轼）

千古兴亡多少事，悠悠，不尽长江滚滚流。（《南乡子·登京口北固亭有怀》宋·辛弃疾）

青山依旧在，几度夕阳红。（《临江仙·滚滚长江东逝水》明·杨慎）

## 诗文创作

清水出芙蓉，天然去雕饰。（《经乱离后天恩流夜郎忆旧游书怀赠江夏韦太守良宰》唐・李白）

屈平词赋悬日月，楚王台榭空山丘。（《江上吟》唐・李白）

读书破万卷，下笔如有神。（《奉赠韦左丞丈二十二韵》唐・杜甫）

为人性僻耽佳句，语不惊人死不休。（《江上值水如海势聊短述》唐・杜甫）

文章千古事，得失寸心知。（《偶题》唐・杜甫）

李杜文章在，光焰万丈长。（《调张籍》唐・韩愈）

一日不作诗，心源如废井。（《戏赠友人》唐・贾岛）

二句三年得，一吟双泪流。（《题诗后》唐・贾岛）

吟安一个字，拈断数茎须。（《苦吟》唐・卢延让）

天机云锦用在我，剪裁妙处非刀尺。（《九月一日夜读诗稿有感走笔作歌》宋・陆游）

汝果欲学诗，工夫在诗外。（《示子遹》宋・陆游）

# 第九章 古代音乐戏曲常识

# 八 佾

佾，就是跳舞时的队列。《周礼》规定：天子八佾、诸侯六佾、大夫四佾、士二佾。每佾人数，如其佾数。另有一种说法称："每佾八人。"现在没有定论哪种说法更为准确。《论语》中，孔子说季氏："八佾舞于庭，是可忍也，孰不可忍也。"季氏身为大夫而僭用天子之乐，孔子认为是不能容忍的事。

# 五 音

又称五声，是最古的音阶。《周礼·春官》："皆文之以五声，宫、商、角、徵、羽。"而"五音"最早见于《孟子·离娄上》："不以六律，不能正五音。"相当于现在简谱的1、2、3、5、6，即：do、re、mi、sol、la。

# 《韶》《武》

《韶》，史称舜乐，为上古舜帝之乐，是一种集诗、乐、舞为一体的综合古典艺术。《韶》是中国宫廷音乐中等级最高、使用最久的雅乐，由它所产生的思想道德典范和文化艺术形式，一直影响着中国的古代文明，《韶》因而被誉为“中华第一乐章”。

《武》是周代的宗庙礼乐，据说是周公创作，为歌颂周武王“以六师伐殷”。全乐共分六个段落。《礼记·明堂位》云：“朱干玉戚，冕而舞《大武》”，表达了周武王以武功立国、以文德治天下的业绩。

《韶》《武》，亦泛指高雅的古乐。《论语》里记载了孔子欣赏这两种音乐后的感受。他称《韶》是“尽美矣，又尽善也”，称《武》是“尽美矣，未尽善也”。

《韶》和《武》的差别在哪里呢？一般认为《韶》是文乐、文舞，表现的是尧舜谦逊揖让之风；《武》是武乐、武舞，表现的是周武王征诛革命之事。孔子一方面希望君子能够文质彬彬，反对以武犯禁；另一方面则追求三代的禅让垂治，反对暴力革命，认为革命是“犯上作乱”。所以他说《韶》是尽善尽美，而《武》是尽美不尽善。

《韶》《武》是中国古代文乐、武乐的最佳典范，它们确定了文乐、武乐的传统，绵延流传数千年，广泛影响了中国的音乐、舞蹈的发展。

# 乐　府

乐府是秦汉两代管理音乐的官署。在西汉哀帝之前，乐府是朝廷常设的音乐管理部门，执掌天子及朝廷平时所用的乐章，它不是传统古乐，而是以楚声为主的流行曲调。在武帝时期，乐府得到扩充和发展，其职能进一步强化。它除了组织文人创作朝廷所用的歌诗外，还广泛收集各地歌谣。许多民间歌谣在乐府演唱，得以流传下来。至成帝末年，乐府人员多达八百余人，成为一个规模庞大的音乐机构。武帝到成帝期间的一百多年，是乐府的昌盛期。哀帝登基，下诏罢乐府官，大量裁减乐府人员，所留部分划归太乐令统辖，从此以后，汉代再没有乐府建制。东汉时，乐府诗歌主要是由黄门鼓吹署收集、演唱，因此得以保存。唐代以后，乐府就从音乐管理机构转变为乐府诗歌的代名词。

# 傩

傩，又称跳傩、傩舞、傩戏，是古代以乐舞驱鬼祭典的一种形式。傩源于巫文化，在周代的宫廷乐舞中占有一定地位，后来逐渐发展成娱乐性的民间舞蹈，广泛流行于今日的江西、广西、湖南、湖北、贵州、安徽等地。

早在殷墟甲骨卜辞中就有关于傩的记录，较早记录傩舞表演情况的为《后汉书·礼仪志》。傩祭在腊日前一日举行，由一百二十名十岁以上、十二岁以下的少年着黑衣、红头巾，手持拨浪鼓，另有十二人披兽皮、戴毛角，扮作“十二神”。领队的主将称“方相氏”，头戴有四只眼睛的面具，披熊皮，一手执戈，一手举盾。傩祭多在夜间举行。其时，到处燃灯、放爆竹。方相氏率领队伍，击鼓吹号，高唱驱傩歌。

自汉至唐，傩舞面貌无大改变。宋代以后，傩舞增加了娱人成分，并逐渐向戏剧化的方面发展。对近代民间音乐、舞蹈、歌舞戏剧等均有重要影响，至今流行于安徽省一些地方的傩戏即其遗风。

## 百　戏

百戏又称“角抵戏”，是我国古代艺术表演、竞技、杂伎等多种类型活动的总称，始于先秦的“讲武之礼”，称“角抵”，两汉时改称“百戏”。

百戏按其内容可分为四类，即竞技类、杂伎类、乐舞类和口技类。根据有关文献记载和汉墓出土文物资料可知，百戏的项目主要有角力（即摔跤）、武戏（包括徒手对抗、徒手与器械对抗、器械与器械对抗、化妆对打等内容）、叠案（倒立表演）、履案（走钢索）、燕濯（前滚翻表演）、寻幢、冲狭、弄丸飞剑、七盘舞、鱼龙变幻等。

## 古　琴

古称琴、瑶琴、玉琴，现称古琴、七弦琴，是中国最早的弹弦乐器，距今已有约3000年的历史，被称为“国乐之父”。琴在古时文人心中被视为高雅的代表，是中国古代地位最崇高的乐器，被列为“琴棋书画”四艺之首，是古代每个文人的必修之器。古琴属于典型的独奏乐器，较少用于合奏。古时也常作为文人吟唱时的伴奏乐器，其发音浑厚深沉，余音悠远，具有浓厚的中国民族特色，演奏技巧复杂，有滑奏、揉弦和泛音奏法等特殊技巧，表现力丰富。古琴形制多样，现今以“仲尼式”最为多见。古琴一般分为琴体（即共鸣箱，由琴面、琴底和琴轸、雁足等部分组成）和琴弦系统（包括琴弦七根和岳山、龙龈、琴徽等部分）。

## 编　钟

编钟是我国古代的一种打击乐器，用青铜铸成。它由大小不同的扁圆钟按照音调高低的次序排列起来，悬挂在一个巨大的钟架上，用丁字形的木锤和长形的棒分别敲打铜钟，能发出不同的乐音，因为每个钟的音调不同，按音谱敲打，可以演奏出美妙的乐曲。

根据文献记载和出土文物，我国在西周时期就有了编钟。在中国古代，编钟是上层社会专用的乐器，是等级和权力的象征。在出土的许多古代编钟中，湖北随县曾侯乙墓发现的曾侯乙编钟数量最多、规模最大、保存较好。这套编钟工艺精美，音域可以达到五个八度，音阶结构接近于现代的C大调七声音阶。另外，编钟上还标有和乐律有关的铭文2800多字，记录了许多音乐术语，显示了中国古代音乐文化的先进水平。编钟音乐清脆明亮，悠扬动听，能奏出歌唱一样的旋律，故又有“歌钟”之称。

## 箜　篌

箜篌是一种十分古老的弹弦乐器，最初称“坎侯”或“空侯”，文献中有“卧箜篌、竖箜篌、凤首箜篌”三种形制。箜篌历史悠久、源远流长，其音域宽广，音色柔美清澈，表现力强。古代除宫廷雅乐使用外，在民间也广泛流传。现常用于独奏、重奏和为歌舞伴奏，并在大型民族管弦乐队中应用。竖箜篌，汉代自西域传入，后被称为“胡箜篌”。在中国盛唐时期，随着经济文化的飞速发展，箜篌演奏艺术也达到了相当高的水平。也就是在这个时期，箜篌先后传入日本、朝鲜等邻国。在日本奈良西大寺的寺院中，至今还保存着两架唐代箜篌残品。但是，这种古老的乐器从14世纪后期便不再流行，以致慢慢消失。人们只能在以前的壁画和浮雕上看到一些箜篌的图样。直到20世纪80年代初，一种新型箜篌——雁柱箜篌才被音乐工作者们研制出来。

## 古　筝

古筝为弦乐器，木制长形。唐宋时有弦十三根，后增至十六根，现发展到二十五根弦。古筝是一种古老的民族乐器，战国时期盛行于秦地。古筝常用演奏手法：采用右手大、食、中三指拨弦，弹出旋律、掌握节奏，用左手在筝柱左侧顺应弦的张力、控制弦音的变化，以润色旋律。筝的指法颇多，右手有托、劈、挑、抹、剔、勾、摇、撮等，左手有按、滑、揉、颤等。因为现代筝改良后使用钢丝弦，一般弹古筝者戴着假指甲，通常由玳瑁制成。筝常用于独奏、重奏、器乐合奏和歌舞、戏曲、曲艺的伴奏，因音域宽广，音色优美动听，被称为“众乐之王”，亦被称为“东方钢琴”。

## 琵　琶

琵和琶原是两种弹奏手法的名称，琵是右手向前弹，琶是右手向后弹。琵琶是我国历史悠久的主要弹拨乐器。经历代演奏者的改进，至今形制已经趋于统一，成为六相二十四品的四弦琵琶。琵琶音域广阔、演奏技巧繁多，具有丰富的表现力。演奏时左手各指按弦于相应品位处，右手戴假指甲（由赛璐珞、玳瑁、塑料等制成）拨弦发音。琵琶由历史上的直项琵琶及曲项琵琶演变而来。据史料记载，直项琵琶在我国出现得较早，秦、汉时期的“秦汉子”，是直柄圆形共鸣箱的直项琵琶（共鸣箱两面蒙皮），它是由秦末的弦鼗发展而来的。“阮咸”或“阮”是直柄木制圆形共鸣箱，四弦十二柱，竖抱用手弹奏的琵琶。晋代阮咸善奏此乐器，故以其名相称，即今天的阮。琵琶传统上是五声音阶，到了民国时期，已开始按照十二平均律增加琴码。目前标准的琵琶已有八相三十品，故琵琶的表现力和适应力得到了大大加强，不仅可以演奏传统乐曲，而且可以演奏西洋和现代作品。

## 笛　子

笛子是在中国广为流传的吹奏乐器之一，因为是用天然竹材制成，所以也被称为“竹笛”。

笛子的历史可以追溯到7000多年前的骨笛，在河姆渡遗址出土的骨笛可以完整地发出五声音阶。大约在4500多年前，笛子由骨制改为竹制。在公元前1世纪末，笛子就在鼓吹乐中占有相当重要的地位。从7世纪开始，笛子又有了改进，增加了膜孔，表现力有了很大的发展，演奏技术也发展到相当高的水平。到了10世纪，随着宋词、元曲的崛起，笛子成了吟词唱曲的主要伴奏乐器，在民间戏曲以及少数民族剧种的乐队中，笛子也是不可缺少的乐器。

笛子的表现力非常丰富，它既能演奏悠长、高亢的旋律，又能表现辽阔宽广的情调，同时也可以奏出欢快华丽的舞曲和婉转优美的小调。然而，笛子的表现力不仅仅在于优美的旋律，它还能表现大自然的各种声音，比如各种鸟叫声等。

## 洞　箫

流行于中国民间的吹管乐器，以竹制作。相传此种乐器原出于羌中（古地名，秦汉时指羌族居住的地区，即今青海、西藏及四川西北部、甘肃西南部）。清代以前的箫多指排箫，汉代的陶俑和嘉峪关魏晋墓室砖画上已可见到吹洞箫的形象。但单管箫在当时多称“笛”。现洞箫通常用九节紫竹制成，全长约80厘米。吹口在顶端，管身开有六孔，前五后一，近尾端有出音孔2～4个。洞箫发音润柔轻细，甘美而幽雅，适于独奏或重奏，常与古琴合奏或用于传统丝竹乐队中，也有用来独奏的。把两支箫分别刻上龙凤来配对的称“龙凤箫”。独奏曲目有《鹧鸪飞》《妆台秋思》《柳摇金》等，琴箫合奏曲有《梅花三弄》《平沙落雁》等。

# 二　胡

二胡是中国民族乐器家族中主要的擦弦乐器之一，是用于京剧、粤剧等传统戏曲中的乐器之一，主要部分有琴杆、琴轸、琴筒、琴托、千斤、蛇皮、琴码、琴弓。弦有两根，琴弓类似小提琴之琴弓，以马尾毛为弓毛，演奏时弓毛置于双弦之中拉奏。这在全世界所有擦弦乐器中十分少见。

二胡始于唐代，至今已有一千多年的历史。它发源于我国古代北部地区的一个少数民族，那时叫“奚琴”。在传统中国，二胡仅是民间戏曲及地方音乐的伴奏乐器，地位一直不高。音乐教育家刘天华先生是二胡现代派的始祖，他借鉴了西方乐器的演奏手法和技巧，大胆、科学地将二胡定位为五个把位，从而扩充了二胡的音域范围，丰富了其表现力，使其拥有了新的艺术内涵。由此，二胡从民间伴奏中脱颖而出，成为独特的独奏乐器，也为以后走进大雅之堂的音乐厅和音乐院校奠定了基础。

## 《高山流水》

琴曲《高山流水》，见于先秦《列子》一书，《吕氏春秋》亦有此传说，言伯牙善鼓琴，钟子期善听，伯牙方鼓琴，志在泰山，子期曰：善哉乎鼓琴，巍巍乎如泰山；志在流水。子期曰：洋洋乎若流水，伯牙所念，子期必得之。钟子期死，伯牙终身不复鼓琴。

关于《高山流水》之意境，张孔山的弟子欧阳书唐于《天闻阁琴谱》中云："起首二、三段叠弹，俨然潺湲滴沥，响彻空山。四、五两段，幽泉出山，风发水涌，时闻波涛，已有蛟龙怒吼之象。息心静听，宛然坐危舟，过巫峡，目眩神移，惊心动魄。几疑此身在群山奔赴、万壑争流之际矣。七、八、九段，轻舟已过，势就淌洋，时而余波激石，时而旋洑微沤，洋洋乎！诚古调之希声者乎！"

## 《梅花三弄》

古琴曲《梅花三弄》是我国古琴音乐中保存下来的年代较早的一首作品，旋律优美、流畅，形式典雅、独特，具有很高的艺术性。相传此曲为东晋桓伊所作。他既是一位杰出的军事家，也是一位出色的音乐家，尤其善于吹笛（现在的箫，古代称笛）。有一次，王徽之（书法家王羲之的儿子）在路上偶然遇见桓伊，因为仰慕其大名，便请他吹奏一曲。桓伊为人非常谦逊，虽然当时他已经很有地位，和王徽之又素不相识，他仍然下车为王徽之吹奏了一支曲子。这首乐曲据传就是著名的《梅花三弄》。之所以被称作《梅花三弄》，一则是因为乐曲内容是表现梅花的，二则是由于音乐中有一个相同的曲调在不同的段落中重复出现三次（这是我国古代音乐中的一种曲式手法，曾有“高声弄”“低声弄”“游弄”之说）。

## 《阳关三叠》

《阳关三叠》为中国唐代歌曲，歌词为王维的七言绝句《送元二使安西》。据考证，此曲亦曾用于唐代大曲《伊州》之中。大曲歌词多采用五言绝句、七言绝句或截取律诗四句，以反复咏唱的叠唱方法，尽情发挥诗中意趣。《阳关三叠》乃三次叠唱之意。明代初年，龚稽古所编《浙音释字琴谱》所收《阳关三叠》琴曲谱为所见最早谱本。今常见乐谱出自清末张鹤所编《琴学入门》。全曲三大段，即三次叠唱，每叠除原诗外，加上若干由原诗诗意发展的词句，结束时添加尾声。

## 《秦王破阵乐》

《秦王破阵乐》为中国唐代宫廷乐舞曲，最初用于宴飨，后用于祭祀，属武舞类。据史载，武德三年（620年），秦王李世民破叛将刘武周，解唐朝之危；河东（山西永济）士庶歌舞于道，兵士利用军中旧曲填唱新词，欢庆胜利，遂有《秦王破阵乐》流传于世，后被编入乐府。该乐以汉族清乐为基础，吸收龟兹乐因素，是中国历史上著名的歌舞大曲之一。唐高宗时的《神功破阵乐》、唐玄宗时的《小破阵乐》皆源于此。

## 《夕阳箫鼓》（《春江花月夜》）

《夕阳箫鼓》原来是一首琵琶独奏曲。约在1925年，此曲首次被改编成民族管弦乐曲，更名为《春江花月夜》。新中国成立后，又经多人整理改编，更臻完善，深为国内外听众珍爱。乐曲通过委婉质朴的旋律，流畅多变的节奏，巧妙细腻的配器，丝丝入扣的演奏，形象地描绘了月夜春江的迷人景色，尽情赞颂江南水乡的风姿异态。全曲就像一幅工笔精细、色彩柔和、清丽淡雅的山水长卷，引人入胜。第一段“江楼钟鼓”描绘出夕阳映江面，熏风拂涟漪的景色；第二、第三段表现了“月上东山”和“风回曲水”的意境；第四段“花影层叠”如见江风习习，花草摇曳，水中倒影，重叠恍惚；进入第五段“水深云际”，那种“江天一色无纤尘，皎皎空中孤月轮”的壮阔景象油然而生；第七段，琵琶用扫轮弹奏，恰似渔舟破水，掀起波涛拍岸的动态。全曲的高潮是第九段“欸乃归舟”，表现归舟破水，浪花飞溅，橹声“欸乃”，由远而近的意境。归舟远去，万籁皆寂，春江显得更加宁静，全曲在悠扬徐缓的旋律中结束，使人回味无穷。

## 《汉宫秋月》

《汉宫秋月》原为崇明派琵琶曲，现流传有多种谱本，由一种乐器曲谱演变成不同谱本，且运用各自的艺术手段再创造，以塑造不同的音乐形象，这是民间器乐在流传中常见的情况。《汉宫秋月》现流传的演奏形式有二胡曲、琵琶曲、筝曲、江南丝竹等，主要表达的是古代宫女哀怨悲愁的情绪及一种无可奈何、寂寥清冷的生命意境。二胡《汉宫秋月》由崇明派同名琵琶曲第一段移植到广东小曲，用粤胡演奏。1929年左右，刘天华录唱片《汉宫秋月》时，改用二胡演奏。江南丝竹《汉宫秋月》采用的原为“乙字调”，由孙裕德传谱，原来沈其昌《瀛州古调》丝竹文曲合奏用“正宫调”、琵琶仍用乙字调弦法，降低大二度定弦，抒情委婉，抒发了古代宫女细腻深远的哀怨苦闷之情。中段运用了配器之长，各声部互相发挥，相得益彰，给人以追求与向往。最后所有乐器均以整段慢板演奏，表现出中天皓月渐渐西沉，大地归于寂静的情景。

## 《阳春白雪》

《阳春白雪》由民间器乐曲牌《八板》（或《六板》）的多个变体组成的琵琶套曲。“八板头”变体的循环再现，各个《八板》变体组合在一起形成变奏的关系，后又插入了《百鸟朝凤》的新材料，因此它具有循环因素的变奏体结构。

《阳春白雪》流传有两种不同版本——《大阳春》和《小阳春》。《大阳春》指李芳园、沈浩初整理的十段、十二段乐谱。《小阳春》是汪昱庭所传，又名《快板阳春》，流传很广。《小阳春》表现的是冬去春来，大地复苏，万物欣欣向荣的初春美景，旋律清新流畅，节奏轻松明快。《小阳春》分七段：独占鳌头、风摆荷花、一轮明月、玉版参禅、铁策板声、道院琴声、东皋鹤鸣。全曲七段可分成起、承、转、合四个组成部分，是一首具有循环因素的变奏体乐曲。

## 《渔樵问答》

《渔樵问答》是一首流传了几百年的古琴名曲，反映了隐逸之士对渔樵生活的向往，希望摆脱俗尘凡事的羁绊。曲谱最早见于《杏庄太音续谱》（明萧鸾撰于1560年）。现在的谱本有多种。《琴学初津》云此曲："曲意深长，神情洒脱，而山之巍巍，水之洋洋，斧伐之丁丁，橹声之欸乃，隐隐现于指下。"乐曲开始时曲调悠然自得，表现出一种飘逸洒脱的格调，上下句的呼应造成渔樵对答的情趣。主题音调的变化发展，并不断加入新的音调，加之滚拂技法的使用，至第七段形成高潮，刻画出隐士豪放不羁、潇洒自得的情状。其中运用泼剌和三弹的技法造成的强烈音响，应和着切分的节奏，使人感到高山巍巍，还能听到樵夫的斧伐声。第一段末呈现的主题音调经过移位，变化重复贯穿于全曲，给人留下了深刻的印象。

## 《胡笳十八拍》

《胡笳十八拍》为中国古代琴曲名，根据汉代流传的同名叙事诗谱曲而成，相传为汉末著名文学家、古琴家蔡邕的女儿蔡文姬所作，蔡文姬在兵乱中被匈奴所获，留居南匈奴予左贤王为妃，生了两个孩子。后来曹操派人把她接回，她写了一首长诗，叙唱她悲苦的身世和思乡别子的情怀。全诗共十八段，谱作成歌曲十八首。据郭沫若说，突厥语称“首”为“拍”，十八拍即十八首之意。又因该诗是蔡文姬有感于胡笳的哀声而作，所以名为《胡笳十八拍》或《胡笳鸣》，其音乐为唐人传谱。六朝时已有《胡笳调》《胡笳曲》流传，宋人郭茂倩《乐府诗集》援引南朝宋元嘉时人张永《元嘉正声技录》所列曲目有但曲（器乐合奏曲）《大胡笳鸣》《小胡笳鸣》。唐宋时期以后，《胡笳十八拍》在唐人传谱基础上得到进一步完善，成为流传甚广的琴曲，当时的琴书、琴谱多有著录。

## 《广陵散》

《广陵散》为中国古代琴曲名，又名《广陵止息》，是以战国时聂政刺韩相为题材的大型器乐叙事曲，东汉末至三国时已流行。“散”有散乐之意，先秦的散乐是指有别于宫廷雅乐的民间音乐。《广陵散》曾作为汉、晋间相和歌及楚调曲广为流传。今传《广陵散》曲谱者有三：明朱权《神奇秘谱》本，明汪芝《西麓堂琴统》甲、乙两种谱本，以前者为最早，也较完整，今使用最广。全曲共45段：开指1段、小序3段、大序5段、正声18段、乱声10段、后序8段，每段皆冠以小标题。音乐特征与标题吻合，采用一种作为琴的调弦法的慢高调，即降低第二弦商音与第一弦宫音相同。双弦弹奏低音，浑厚坚实、气势磅礴，有助于表现激昂慷慨的情绪。《广陵散》是我国现存古琴曲中唯一具有戈矛杀伐战斗气氛的乐曲，直接表达了被压迫者反抗暴君的斗争精神，具有很高的思想性及艺术性。

## 《平沙落雁》

在明朝，此曲称《落雁平沙》。该曲曲调悠扬流畅，通过时隐时现的雁鸣，描写雁群降落前在天空盘旋顾盼的情景。对于曲情的理解，有“取清秋寥落之意，鸿雁飞鸣”来描写秋天景物的；有“取秋高气爽，风静沙平，云程万里，天际飞鸣，借鸿鹄之远志，写逸士之心胸”的；也有从鸿雁“回翔瞻顾之情，上下颉颃之态，翔而后集之象，惊而复起之神”“既落则沙平水远，意适心闲，朋侣无猜，雌雄有叙”，发出世事险恶，不如雁性的感慨的。现在流传的多为七段，主要的音调和音乐形象大致相同，旋律起而又伏，绵延不断，优美动听；基调静美，但静中有动。琵琶曲《平沙落雁》的乐谱最早见于华秋苹在1818年编的《琵琶谱》，它是我国第一部正式出版的琵琶谱，共三卷。

## 《十面埋伏》

《十面埋伏》又名《淮阳平楚》，琵琶独奏曲，是反映楚汉相争的乐曲。音乐扣人心弦，有很强的戏剧性和一定的写实性，可以说把古代琵琶表演艺术发挥到了登峰造极的地步，实现了以单个乐器的独奏形式表现波澜壮阔的史诗场面（而现代，这往往需要大乐队式的交响曲体裁方能完成）。直到今天，《十面埋伏》依然是琵琶演奏艺术领域最具代表性的传统名作。全曲时长约6分36秒，由三个大部分、十个小段组成。《十面埋伏》的艺术特点主要表现在反映古代重大历史题材时，抓住了典型时间、典型环境，在描写楚汉相争这一历史特定背景时，选择了最有代表意义的垓下决战的场面，并突出了士兵的呐喊声，形成全曲高潮，完成了对汉军这一进攻者、追击者、胜利者生龙活虎的形象塑造，成功地展现出古代战场激烈壮观的场景。

## 《霓裳羽衣曲》

《霓裳羽衣曲》是唐代大曲中法曲的精品、唐代歌舞的集大成之作，也是中国古代音乐舞蹈史上一颗璀璨的明珠。此曲约成于公元718—720年，关于它的来历，有三种说法：第一种是说唐玄宗登三乡驿，望见女儿山（传说中的仙山），触发灵感而作；第二种说法则是唐玄宗根据西域传入的歌曲《婆罗门曲》改编而成；第三种则折中前两种说法，认为此曲前部分（散序）是玄宗望见女儿山后悠然神往，回宫后根据幻想而作，后部分（歌和破）则是他吸收印度《婆罗门曲》的音调而成。全曲共三十六段，分散序（六段）、中序（十八段）和曲破（十二段）三部分，融歌、舞、器乐演奏为一体，描写唐玄宗向往神仙而去月宫见到仙女的神话，舞、乐、服饰都着力描绘虚无缥缈的仙境和舞姿婆娑的仙女形象，给人以身临其境的艺术感受。

## “梨园”一词的由来

梨园，是唐代皇家禁地中的一处苑囿林园，因遍种梨树得名。这座梨园与戏曲的渊源始于唐玄宗李隆基。明代文人张岱在其所著《夜航船·礼乐部》中记载：“唐明皇酷爱法曲，选坐部伎子弟三百人，教于梨园，谓之梨园子弟，居宜春北苑。时有马仙期、李龟年、贺怀智洞知音律。安禄山自范阳入觐，亦献白玉箫管数百事，皆陈于梨园，自是乐响不类人间。”唐明皇李隆基酷爱歌舞，精通音律，特意挑选出三百名演员在“梨园”这个地方“集中培训”，学习音乐伴奏、歌舞表演，这可能是历史上最早也是最著名的培训戏曲歌舞演员的场所了。后来，戏曲界追溯渊源，便称呼自己为“梨园”了。

既然戏曲界被称为“梨园”，那么戏曲界从业人员中的后生晚辈就称“梨园子弟”，如果家中几代人都从事戏曲行业，便被称为“梨园世家”。

此外，过去也把戏曲艺人的行会组织泛称为“梨园公会”，把埋葬戏曲艺人的公墓称为“梨园义地”。20世纪30年代，张次溪先生编纂京剧史料，汇集成书，取名《清代燕都梨园史料》，而徐慕云先生记载京剧掌故的《梨园外纪》一书，也是以梨园代指戏曲界。

## 梨园行的祖师爷

按中国人的传统说法，各行各业都有自己的祖师爷，也就是创业之“圣人”。比如，建筑行、木工行的祖师爷是鲁班，药行的祖师爷是孙思邈，制笔行的祖师爷是蒙恬，相声行的祖师爷是东方朔，诸如此类，不胜枚举。

那么梨园行的祖师爷是谁呢？旧时戏班中供奉的祖师爷叫“老郎神”。老郎神的雕像通常是白面无须，杏黄帔，九龙冠，皇帝打扮。至于这位老郎神是何方神圣，众说纷纭，莫衷一是。其中一种说法认为，老郎神就是唐明皇。唐玄宗李隆基死后的谥号是“至道大圣大明孝皇帝”，简称“唐明皇”。李隆基自幼酷爱音乐，五六岁时即能歌善舞，不仅精通各种乐器，还擅长谱曲。后来他设立“梨园”，培养音乐人才，所以将唐明皇李隆基奉为祖师爷应该是大多数人都能认可的。另外一种说法认为，“老郎神”是五代后唐庄宗李存勖，他也是自幼喜爱听乐观戏，即位之后更是时常粉墨登场。明张岱在其所著《夜航船》中云：“唐庄宗自言一日不闻音乐，则饮食都不美。方暴怒鞭笞左右，一闻乐声，怡然自适，万事都忘。又善歌曲，或时自傅粉墨，与优人共戏。优名谓之‘李天下’。”若以喜爱程度而论，后唐庄宗李存勖也有做梨园祖师爷的资格。

## 京　剧

京剧是我国最大的戏曲剧种，清光绪年间形成于北京，后流行于全国各地。京剧以西皮、二黄为主要声腔，另外还有南梆子、四平调、高拨子、吹腔等腔调。音乐结构为板式变化体，即每种腔调均有各自的板式，但在不同的剧目中又稍有变化。京剧的伴奏分为文场和武场。京剧的行当分为生、旦、净、丑四行。各个行当都有一套表演程式，在唱、念、做、打的技艺上也各具特色。在传统京剧中，人物的行套、脸谱被用以区分剧中人的身份、职位、年龄及忠奸善恶。

## 生旦净丑

京剧角色的行当，早期分为生、旦、净、末、丑、武行、流行（龙套）七行，后归为生、旦、净、丑四大行，每一种行当内又有细致的分工。

“生”是除了大花脸以及丑角以外的男性角色的统称，又分老生（须生）、小生、武生、娃娃生。“旦”是女性角色的统称，又分为正旦、花旦、闺门旦、武旦、老旦、彩旦。“净”，俗称大花脸，大多是扮演性格、品质或相貌上有些特异的男性人物。“净”又分为以唱为主的铜锤花脸，如包拯，和以做工为主的架子花脸，如李逵。“丑”，因在鼻梁上抹一小块白粉，俗称小花脸，通常扮演喜剧角色，分为文丑和武丑，如《苏三起解》中的崇公道为文丑，石迁为武丑。

## 青　衣

青衣是京剧旦行中的一支。“青衣”这个词，如果仅从字面上看，是指青色或黑色的衣服。穿这种衣服的人物，自汉代以后，多数地位不高，而且有很多是女性，如晋代干宝《搜神记》卷十六：“陇西辛道度者，游学至雍州城四五里，比见一大宅，有青衣女子在门”；唐代诗人刘禹锡《和乐天诮失婢榜者》：“新知正相乐，从此脱青衣”，都是指婢女、侍妾之类的人物。

在京剧中，青衣也依然保留了一部分原始含义，有许多青衣角色扮演的都是生活贫苦或者命运困厄的女性，如《武家坡》中的王宝钏、《汾河湾》中的柳迎春、《三娘教子》中的王春娥以及《春秋配》中的姜秋莲等，这类角色出场时多穿着朴素的青黑色褶子服饰，又因角色命运悲苦而被称为“苦条子旦”。当然，青衣扮演的人物不都是悲苦穷困的女性，可是她们有一个共同的特点，就是端庄贤良、稳重正派，都是故事中的贤妻良母和节妇烈女，既可以扮演青年女子，也可以扮演中年妇女。

传统社会对女性的要求非常严格，如《女儿经》中云：“修己身，如履冰”“坐起时，要端正”，在生活中要站不倚门、笑不露齿甚至袖不露指，行为举止要求安详沉稳。以《红楼梦》为例，第三回“金陵城起复贾雨村　荣国府收养林黛玉”中写王熙凤的出场：“一语未了，只听后院中有人笑声说：‘我来迟了，不曾迎接远客！’黛玉纳罕道：‘这些人个个皆敛声屏气，恭肃严整如此，这来者系准，这样放诞无礼？’”可见传统女性是以“敛声屏气，恭肃严整”为主流的。这样的“敛声屏气，恭肃严整”表现到舞台上，就是稳重端正。传统上，青衣又被称为“正旦”。青衣的表演以唱为主，动作幅度比较小，因有时一手垂于身旁一手横捂胸腹，所以青衣还有个形象的别称——“抱肚子旦”。

# 老　生

生行作为京剧的一个主要行当，包括了老生、小生、武生、红生等分支。生行是扮演男性角色的行当。《康熙字典》中对“生”的解释是：“又先生，师之称。诸生，弟子之称。”如韩愈《进学解》：“国子先生晨入太学，招诸生。”如果总结一下的话，被称为“生”的男性中，年长者都是有学问、有身份、有地位的人，年轻者也是读书人、儒生。因此，生行的整体特点是儒雅、俊秀、端正。

生行中的老生扮演的是中年或者是中年以上的男性。他们的类型化特征是具有成年男子的稳重成熟、严肃端正，因此老生又被称为“正生”。中国古代男子在成年之后开始蓄须，所谓须眉男子，这也是尊严和成熟的标志，所以舞台上的老生都会在上唇和两耳之间悬挂一件道具——髯口。舞台上的髯口是生活中男性胡须的艺术化和写意化，因此老生又名“须生”。老生的唱念使用演员的真实嗓音，即本嗓或大嗓，以清刚醇厚、苍劲挺拔为正。

京剧老生中名家辈出，流派纷呈，如谭鑫培的谭派、余叔岩的余派、马连良的马派、言菊朋的言派、杨宝森的杨派、高庆奎的高派、奚啸伯的奚派、周信芳（麒麟童）的麒派等。

# 铜锤花脸

“铜锤”是戏剧《二进宫》中使用的道具，故事说的是明穆宗死后，太子年幼，李艳妃听政，太师李良企图谋篡。定国公徐延昭和兵部侍郎杨波初次苦谏，李艳妃不从，于是徐延昭哭谒皇陵，杨波搬兵救国。直至李良封锁昭阳，内外隔绝，李艳妃始悟其奸。徐延昭与杨波二次进宫劝谏，李艳妃以国事相托，徐、杨合力除奸。这出戏前演《大保国》，中演《探皇陵》，后演《二进宫》，简称《大探二》，又名《龙凤阁》。这是一出唱工繁重的戏，剧中青衣行的李艳妃、生行的杨波和净行的徐延昭均有大段的唱腔，非有相当实力的演员不敢唱这出戏。剧中的定国公徐延昭怀里始终抱着先帝所赐的一柄铜锤，可以上打君王不正，下打臣宰不忠，是剧中的一个重要的道具，而徐延昭这个角色又是最为典型的唱工花脸，所以人们就将这一类型的花脸以“铜锤花脸”代称之。

# 跑龙套

龙套是在传统戏曲中扮演兵卒、差役、内侍、随从等角色的统称。由于扮演的角色比较杂，也称“杂行”；由于流动性很大，也称“流行”。龙套在剧中常常作为军卒，当双方主将对阵交锋时，龙套在一旁手持各种旗帜，摇旗呐喊，因此龙套也被称为“打旗的”。在舞台上，龙套一般以整体形式出现，以四个人为一堂，这四个人又分头、二、三、四家（旗），以头家（旗）为领队之人。一场戏通常用一堂或者两堂龙套，以示人员众多，起到烘托和陪衬的作用。所谓“三五步行遍天下，六七人雄会万师”，这是一种写意化的表演形式。龙套的表演在很多情况下以静为主，有时候整出戏中的龙套就在“官员”或者“皇帝”后面一直站着不动，所以也有人把龙套称为“文堂”。

可是提到“龙套”这个词时，我们通常都说“跑龙套”，这又是为什么呢？因为在舞台上，龙套扮演的兵丁士卒总是要跟着主帅跑上跑下的，这种“跑”也是一种舞蹈，是队列的舞蹈。上下场、排队形等都有一定的调度程式，如二龙出水、挖门、斜门、站门、十字花、龙摆尾等。队形的改变，方位的调整，以至于舞台气氛的变化都是靠龙套演员们“跑”出来的，所以龙套虽不是主角，却是一出戏中不可或缺的重要组成部分。

# 折子戏

在全本戏中情节相对完整、可以独立演出的一个段落，谓之折子戏。

“折”其实在元杂剧时就出现了，当时一部完整的戏通常分为四折。王国维著《中国戏曲概论》云：“杂剧体格，与诸宫调异。诸宫调不分出目，此则通例四折，虽纪君祥之《赵氏孤儿》统计五折，张时起之《花月秋千记》统计六折，顾不多见也。”以元杂剧中的名篇王实甫之《西厢记》为例，这部《西厢记》一共五本，第一本为“张君瑞闹道场杂剧”，楔子之后即分作四折，直至第五本“张君瑞庆团圆杂剧”，每本体例皆是如此。

折折相缀，构成了一个完整的戏曲故事，而其中的精彩片段也可拿出来单独演出，比如整本《牡丹亭》中的《春香闹学》《游园惊梦》《拾画叫画》等都是经常演出的折子戏；京剧中全本《红鬃烈马》也由若干折组成——《花园赠金》《彩楼配》《三击掌》《平贵别窑》《误卯三打》《赶三关》《探寒窑》《鸿雁捎书》《武家坡》《算军粮》《银空山》《大登殿》，其中《武家坡》是最常演出的一出折子戏，生、旦名家屡屡合作。

# 票友、票房

“票友”一词并非京剧原创，而是来自另外一种姊妹艺术——曲艺说唱。清代初年，有一种艺术形式叫作“子弟书”，是一种类似于单弦牌子曲的说唱表演，也叫“清音子弟书”。之所以称其为“子弟书”，是因为这种说唱表演是八旗子弟所创，并且擅长演出的也是八旗子弟。八旗衙门为了对这部分参与说唱表演的人员进行管理，给他们发派一种执照，也可以说是演出许可证——“龙票”。据朱家溍先生云，龙票“是一张木板印刷品，四周是比较粗糙的龙纹，中间填写某旗、某佐领下人的姓名、年貌等”；凡持有龙票的人，都有资格被邀请去演唱子弟书，因不要报酬，人称他们为“票友”。后来，随着京剧的兴起，人们把喜爱京剧、不要报酬的业余演员也称为“票友”，虽然他们已经不再持有龙票了。票友的演出称作“票戏”，票友转为职业演员叫“下海”，票友们建立起来的组织被称为“票房”。北京的票房在清末时有“春阳友会”，现在有湖广会馆的“庚扬集”等。

在京剧的发展史中，票友下海成为大名角的不乏其人。老生中有孙菊仙、汪笑侬、言菊朋、奚啸伯等，小生有德珺如、金仲仁、俞振飞等，净行有金秀山、黄润甫等。票友之中藏龙卧虎，高明之士甚多，即使保持业余身份，仍然被内行专业演员所推崇，如清末贵族红豆馆主爱新觉罗·溥侗（1871—1952年），号西园，人们尊称他“侗五爷”，是内外行公认的文武昆乱不挡的“泰山北斗”。另外，大收藏家张伯驹先生（1897—1982年），在票友中最得余氏亲传，掌握余派剧目最为准确。还有医学专家刘曾复先生，他幼嗜京剧，博闻强记，能戏之多，即使专业演员也无人能及。

## 西皮、二黄

因为西皮与二黄（簧）是京剧的两大主要声腔，所以早年的京剧也被称为“皮黄”或“皮簧戏”。

《中国京剧史》说：“京剧的前身是徽戏（徽调）、汉戏（楚调）、昆曲、秦腔、京腔，并受到民间俗曲的影响。特别是徽戏和汉戏的声腔对京剧的形成影响最大。”自清乾隆五十五年（1790年）开始，以向乾隆皇帝祝寿为名，先后有“三庆”“四喜”“春台”“和春”四个徽班来到北京演出，史称“四大徽班”，“先后到京的汉戏艺人多搭徽班演唱”。二黄（簧）是徽戏的主要声腔之一，而汉戏声腔以西皮和二黄（簧）为主，它是皮、簧合奏的。随着徽戏、汉戏进京演出，西皮、二黄（簧）声腔得以进一步融合，迅速发展，形成丰富的旋律和完整的板式。

多数人认为“二黄（簧）”之说来源于地名，即湖北的黄冈、黄陂二县，杨静亭著《都门纪略》就持这一说法。其他说法还有很多，莫衷一是。“西皮”，初称“襄阳调”，有来源于中国西部的音乐成分，而湖北人称“唱”为“皮”，故名“西皮”。二黄（簧）声腔比较平稳、深沉，适于表现感叹、沉思、悲愤等情绪，而西皮则明快、刚劲，更适合表现激昂的情绪。板式就是节奏，西皮之中除了原板、慢板、快三眼、导板、回龙、散板、摇板等共同板式之外，还有二六、流水、快板等板式。

## 说学逗唱

“说、学、逗、唱”是相声中经常提到的术语，以此代指相声演员的四种基本艺术手段。

说：一种最基本的表演技巧，貌似平常，实则繁难。相声里的“说”不等同于生活中的“说”，是经过艺术加工之后的“说”，指叙说笑话和打灯谜、绕口令等，要求吐字清晰，语言流畅，字正腔圆，顿挫迟疾，总之，要富于美感。相声中常常提到的“贯口”“倒口”等，都属于“说”的范畴。所以“说”是一种基本功，听演员的“说”，既要听台词，也要听声音；既要重视形式，也要重视内容。

学：仿学其他艺术形式，丰富自身的表演。“学”既要学得像，更要学得俏，也就是说讨巧最重要，比如摹仿各地方言，学唱各种地方戏、曲艺、流行歌曲，仿学各种买卖的吆喝，以及摹仿各种鸟兽叫声等口技技巧。

逗：指表演，抖包袱，它是四种技巧的核心，有提纲挈领之功效。相声中的捧逗，双方互相抓哏逗笑，充分体现相声的功能。

唱：原指唱太平歌词。太平歌词是相声演员必须掌握的一种表演形式，它是传统相声艺术的一部分。后来也指演员编唱滑稽可笑的台词，用各种曲调演唱，或将某些戏曲唱词、曲调夸张演唱并引人发笑。

很多相声都偏重运用其中一两种手段，比如《八大改行》和《戏剧与方言》偏重于“学”和“唱”，《八扇屏》和《打灯谜》以“说”“逗”为主。演员也往往以其善于运用某些手段而形成不同的风格。

# 第十章 建筑园林

# 传统的祭祀建筑

古建筑中的祭祀建筑主要可分为两大类：祭祀祖先的宗庙性质的建筑，以及祭祀自然神，包括天、地、日、月、山、川等的建筑。祭祀建筑都是皇帝向天下显示其对祖先的尊重，显示其皇权合理性的场所，所以在古代，祭祀建筑是仅次于宫殿的重要建筑，历朝历代的统治者都在其建筑上花费了大量的精力和物力。

古代帝王受“至敬无文”观念的影响，祭祀建筑往往追求简洁、端庄、肃穆，此外，还追求丰富的象征性，其格局的一般意义性多于功能需求。

以位于北京的祭祀建筑为例，祭祀祖先的建筑群有太庙、历代帝王庙等，而祭祀自然神的建筑群有社稷坛、天坛、地坛、日坛、月坛等。

按照“左祖右社”的制度，太庙位于紫禁城东南侧，它建成于永乐十八年（1420年），主体为正殿、寝殿。而后在明嘉靖十四年（1535年），庙制一度改变，在正殿左右侧为各代皇帝建设庙宇，共九庙，而在嘉靖二十年（1541年），新庙宇不幸被雷火焚毁，其后又在嘉靖二十四年（1545年）重新建造，也就是我们今天看到的太庙。

今天的太庙有内外两重墙，外墙开南北门，南门内有金水河，东西侧对称建有神库、神厨。桥北正对戟门。戟门内中轴线上建有前、中、后三殿。前殿为祭殿，面阔九间，重檐庑（wú）殿顶，形制和太和殿同。中殿为贮藏九世皇帝木主的寝殿，也为九间，为单檐庑殿顶。后殿以隔墙相隔，内建面阔为五间殿（后增加为九间），也为单檐庑殿顶，储藏超过九世已祧庙皇帝之木主。这种中轴线上连续四座庑殿顶（戟门也为庑殿顶）的布局实为罕见，级别很高，以表示对祖先的尊重。

## 佛教寺院的典型布局

相传位于西安的白马寺是我国第一座佛寺建筑。据说在东汉永平七年（64年），汉明帝遣使赴西域求法，当西域高僧与汉使带着佛经同回长安后，西域高僧先是被安排住在鸿胪寺，第二年才移居白马寺。从此之后，原来称呼官署衙门的“寺”就逐渐成为佛教寺院的称呼了。

佛教刚刚传入中国之时，专门的寺院的数量还非常少。于是，一些官吏、富商就将自己的宅院捐献出来作为寺院。在这种合院建筑中，前厅用于供奉佛像，后堂作为学习佛经的经堂，厢房等辅助用房就成了僧人的居住之所。佛事活动很巧妙地融入中式合院建筑中，后者也成为佛教寺院的基本形式了。

随着佛教的发展，佛事活动的内容日渐增多，佛寺的规模也越来越大，格局越发成熟起来，不过都没有突破合院式建筑的发展模式。典型的布局仍以轴线作为线索，中轴线上从大门进入寺院，第一栋建筑为供奉天王的天王殿，其后为供奉佛像的大雄宝殿——一般为寺院内的核心建筑，再后为诵经修行的法堂和经楼。一般寺院在天王殿前的院落中，还布置有左右对称的钟楼、鼓楼，以及一些记录寺院发展、修缮历史的石碑。其后的院落四周多布置为待客、存物、僧人居住的生活用房，有时也在中轴线两边加建观音殿、毗卢殿等殿堂。

早期的寺院保存至今的有河北正定的隆兴寺、天津蓟县的独乐寺、山西五台山的佛光寺、浙江宁波的保国寺等。

## 北京四合院的典型布局

说起老北京的标志性建筑，大家可能都能说上一大串：故宫、天坛、北海、国子监、潭柘寺……它们各有各的特色。然而，仅仅拥有这些建筑的北京还称不上完整的北京城，那些分布于全城各处的四合院也同样是北京文化遗产的重要组成部分，两者密不可分，共同传递着所谓的京味和京韵。

四合院在老北京也叫“四合房”，顾名思义，就是“四面都用房子围合起来”的宅院。其实中国很多传统建筑都采用院落的形式，但北京四合院是其中比较典型的一种。

合院建筑在我国具有很长的历史，早在西周时期就已经出现，如陕西凤雏村的西周住宅遗址即为一例，此后在东汉画像砖上的图案，以及敦煌壁画中都出现过合院的形象。

典型的四合院格局都很方正，多数呈长方形平面，采用正朝向。院落的基本单位叫“进”和“跨”，前者表示院落间前后的串联关系，即纵向的院落数量，后者表示左右并联关系，即横向的院落数量。四合院根据其不同的院落大小及其组合方式，可以分为：单进、两进、三进、多跨四合院等。大型四合院往往不仅有好几进院落，还拥有一跨花园，以丰富其空间。

单进四合院的构造最为简单，可以说是个典型的四合房，由院墙、大门、倒座、东西厢房、正房、东西耳房几个部分构成。一般来说，理想的四合院都要保证正房坐南朝北，也就是院落整体正南正北。大门通常设置在院落的东南角，而非正中，这样既可以保证院落内的空间不会被外部一览无余，还可避开冬天强劲的北风。一些宅门还在正对大门的厢房山墙上做一面照壁，上面装饰有精美的石雕。大门的西边是倒座房，通常是门房接待客人的场所，有的还在西南角设有厕所。院落空间多为方形，搭上个葡萄架，夏日就可以在院内乘凉。院落的东西各为两间厢房，是主人的亲戚居住的卧室，当然也可作为主人的起居空间。正房是院落中最为舒适的房间，用作主人的卧室；两侧配以耳房，作为储物场所。

空间层次更为复杂的四合院，如两进四合院，就会以垂花门将院落分为前、后两部分。前院比较狭窄，是进入内院的缓冲空间。而内院以垂花门为界，四周有时还以连廊将各个建筑连接起来，这样即使下雨，人们也可以享用院落空间。

现在北京城内保存下来的四合院还是为数不少的，如什刹海附近的恭王府、晚清大学士文煜的宅院、晚清内务府大臣荣源的宅院（位于东城区帽儿胡同）。此外，一些近代名人的故居，如鲁迅故居、郭沫若故居、梅兰芳故居，也是典型的北京四合院。

# 古代的街和坊

我们常常提到“街坊四邻”，这个词代指住在一条街巷的邻居。对于“街”这种城市元素，我们并不陌生：宽阔笔直的大道，如“长安街”；尺度亲切宜人的历史街道，有的蜿蜒曲折，如北京后海的“烟袋斜街”；有的热闹非凡，如正阳门前的“大栅栏”。而“街坊四邻”这个词里的“坊”又是什么呢?“坊”与“街”的关系是怎样的呢?

街道出现的时间大约已经久远得不可考证。《周记·考工记》在提出王城的规划时，就已建议王城的主要道路建成“井”字形，且将道路分主次，相互间垂直连通。而“坊”则出自古代的里坊制度。里坊是古代居住区的基本组织形式，同时也是城市规划建设的基本单位，一般五户为邻，五邻为闾，二十闾为坊，十坊为区。在东周时，里也称为“闾里”，这在《考工记》中也有所提及，这种制度一直延续到唐代。

唐代长安城内的皇城、宫城东西侧各划分成三行，每行南北划分为十三坊，一共七十八坊；而东西各以二坊之地设为东市、西市，实为一百一十坊。坊四周设墙，形如小城堡，中间设十字街，每坊四面各开一门。市的四面也设墙，井字形街道将其分为九部分，各市临街设店。到了晚上，坊、市闭门，禁止随便出入，街上有军队巡逻，盘查行人。

到了晚唐，由于商业发展的需要，这种里坊制度日益受到破坏，江浙一带的商业城市率先突破束缚，慢慢地坊市结合，有的甚至不设墙，夜市也逐渐兴盛起来。

宋代的城市虽然是在唐代里坊城市的格局上进行改造，但此时商业的繁荣已使城市中封闭的坊市解体，转变为开放的街巷。在开放的街巷中，居民可以从所居的小巷直达主要街道，而街道两侧也可以开设店铺，夜禁也被取消，这在各个方面都活跃了城市的商业活动，也彻底改变了城市的面貌。由此才出现了《清明上河图》中描绘的宋代汴梁繁荣的市井生活。

## 明堂辟雍

“明堂辟雍”是中国古代最高等级，也是最为重要的皇家礼制建筑之一。明堂是古代帝王颁布政令，接受朝觐和祭祀天地诸神以及祖先的场所。清代学者阮元在《明堂论》中说：明堂，是天子居住的地方。天子在这里祭祀上帝和祖先，举行养老尊贤的典礼，举行宴飨、射箭比赛、献俘等仪式，颁布教化，发布政令，朝见四方诸侯。

《扬子法言》云：“辟者，璧也，象璧圆，又以法天于雍水侧，象教化流行也。”辟雍，即明堂外面环绕的圆形水沟，环水为雍，圆形意味辟，它在某种程度上象征着人伦道德的最高境界。

“辟雍”本为西周天子为教育贵族子弟设立的大学。其学有五，南为成均，北为上庠，东为东序，西为瞽（gǔ）宗，中为辟雍。其中以辟雍为最尊，故统称之。《礼记·王制》云：“大学在郊，天子曰辟雍，诸侯曰泮（pàn）宫。”《五经通义》：“天子立辟雍者何？所以行礼乐，宣教化，教导天下之人，使为士。天子养三老，事五更，与诸侯行礼之处也。”由此普遍认为，明堂与辟雍实为一事而异名。东汉以后，历代皆有辟雍，除北宋末年作为太学的预备学校外，多为祭祀用。

历史上最著名的“明堂辟雍”是位于今西安市南门外大道东侧的西汉辟雍，建于汉平帝元始四年。其遗址地基为一高出地面0.3米、直径62米的圆形夯土台，据推测其上为方形台榭建筑，面积为3844平方米。建筑的中心是一方夯土台，残高1.5米，其上应为原来建筑的“太室”。在夯土台的四角各筑有两个小方形夯土台，在中心台四壁的外侧、各小夯土台之间，均建有横长型厅堂，称东、西、南、北四堂，每面宽33米。各面堂前建有地面铺方砖的突出“抱厦”，每面总宽42米。其四周围墙方235米，中间设门，四角设有曲尺形配房。其外又有正圆形水渠环绕。

古代的明堂辟雍作为体正中和的人伦象征，其建筑的一切形式手法都为了体现几何中心至关重要的地位，从而强调“中”“和”的建筑理念，如形式上采用“正方”“圆形”等中心对称图案，入口、墙体的布局采用中心对称形式，中心建筑的布局和屋顶形式也以中心对称，空间布局上以中心为最高点向四周扩散。此外，礼制建筑受“至敬无文”的思想影响，在用材上追求高贵，但装饰力求简洁有度。

# 十三陵的选址和布局

明代除第一任皇帝太祖朱元璋葬于南京紫金山孝陵之外，其余各帝都葬于北京昌平，后世称之为“十三陵”。在此以前，北宋帝陵虽然也集中兴建，但布局非常分散。十三陵的不同之处在于，它以南北向山谷为陵区，南端建陵门，谷内各山口建侧门、陵墙，由此又形成各自封闭的陵域。十三陵自山谷入口处起建有一条长达7千米的主陵道，南端建有石牌坊，坊北即陵区正门设大红门，门内有碑亭，亭北进入夹道树立石象生的神道，其后建有石牌坊、五孔桥、七孔桥。神道北端直抵位于主峰天寿山之下的主陵——成祖长陵。其余各陵各倚一峰，分列其左右。自棂星门以北，有多条路通向其他各陵，主陵与其他各陵共同形成一套完整的陵区，在历代帝陵中独具特色。

以形制保存最为完整的长陵为例，陵园呈纵长矩形，分为三进院落。第一进院为陵门（小红门）与祾恩门之间，东侧建有碑亭。第二进院为祾恩门与内红门之间，居中的为面阔九间、重檐庑殿顶的享殿祾恩殿，左右各有配殿十五间。这个院落规模宏大，是主要的祭祀场所，相当于陵寝的前朝区域。第三进院落为内红门至宝城的方城明楼，是陵寝的寝区。方城明楼为上建重檐碑亭的方形城墩，下部有门洞通至宝城前小院，是宝城前的标志性建筑。宝城的直径约300米，四周用城砖砌成圆城，城顶加垛口，其内夯土为陵山，墓室就在其下方。

由于长陵为明朝迁都后第一代帝陵，所以形制规模都大于后世诸明陵。不过各陵在布局形制上都与长陵相似，即由次陵道进入，经碑亭，过三座桥，直行至祾恩门，进入有陵墙围绕的陵园主体。陵园内主体建筑为祾恩殿，其后经三座琉璃门，再行至方城明楼，其后为陵墓所在的宝城。由此，也反映出明代陵墓规划之严谨、成熟。

## 中国古代的城墙

春秋、战国时期的城墙并非像我们今天所见到的明代长城那样，是由砖砌成的，而是用夯土夯筑而成的。夯筑方式主要有两种。

一种方法是“桢干筑墙”。“桢”是指筑墙时所用的端模板，其形状与所要筑的墙之断面相同，一般为下宽上窄，两侧收坡。“干”是侧模的古称，后世称“膊椽”，也就是每侧用243根木棍。开始筑墙时，在两端各立一桢，在其间内外两侧各横置2～3根干，其间再用草绳系紧，之后在中间填入土，最后夯筑。夯到最上一根干，并与桢相平后，割断草绳，抬升干，依法夯筑。

对于较大的城墙、墩台等构筑物，则不直接用桢干筑墙，而应改用斜立的杆来控制城墙的斜度，且用版代替桢。夯筑时，先把数根草绳的一端系在版的不同位置，另一端系在木楔上，拉紧后上木楔钉入地上固定，然后夯筑。

另一种方法是“版筑”。这种夯筑的雏形在淮阳平粮台龙山文化古城遗址就已经出现，到了周代更为制度化。其做法是模板两侧的边版为垂直的，一端用端版封堵固定，另一端开敞。把敞开的一端边板接到已筑的墙上，用卡木固定，然后填土夯筑。夯平后，撤出卡木，把模板水平前移，继续夯筑。

## 传统建筑的屋顶形式

我国传统建筑深远飞扬的屋顶历来被视为最显著的建筑特征之一，用林徽因先生的话说，“（屋顶）其实只是结构上直率自然的结果，并没有什么超出力学原则以外和矫揉造作之处”。由此可见，传统建筑的大屋顶与今日为了民族特色而设计的“大屋顶”有着本质的区别。传统建筑的屋顶虽然是从其功能角度考虑而建，但是却根据建筑的不同身份，以及当地的气候、环境特色，发展出多种多样的屋顶形式。

在古建筑中最为常见的，也是一般官式建筑采用的屋顶形式有以下几种：重檐、庑殿、歇山、悬山、硬山、攒尖。重檐又可分为重檐庑殿、重檐歇山、重檐攒尖。攒尖又有四角攒尖、六角攒尖、八角攒尖、圆形攒尖。此外，有的屋顶还可依据平面相互组合，形成更为丰富多彩的样式，比如，承德避暑山庄的水流云在亭、故宫御花园的万春亭等。这些形式多样的屋顶被创造出来，首先是为了表示等级，重檐、庑殿、歇山都是皇家的专用，一般民宅只能使用硬山。

当然，这些屋顶形式远非全部，不太常见的形式还有盝顶、抱厦等。就民居而言，其屋顶形式也很丰富，比如，平顶、单坡顶、穹隆顶等。

重檐，即两层屋顶，下层屋顶为四坡，上层屋顶则可为庑殿、歇山等。重檐庑殿为清代建筑中的最高形制，仅在太和殿、太庙正殿出现。

庑殿即四面坡屋顶，在宋代《营造法式》中称为“四阿顶”。庑殿顶有五条脊，由正身、山面和转交部分组成，清代主要采用“顺梁法”和“趴梁法”两种构造。

歇山屋顶，在宋代也叫“九脊殿”或“厦两头造”，意思是指歇山屋顶有九条脊。从外部形象看，歇山屋顶是庑殿顶与悬山顶的结合，以下以金檩为界，上部屋顶为悬山构造，下部分为庑殿。

悬山屋顶的宋代名称叫“不厦两头造”，前后两坡屋顶，而且两山屋面悬出于山墙或山面屋架之外，其檩木不是包砌在山墙之内，而是挑出于山墙之外，挑出的部分为“出稍”，这也是悬山建筑区别于硬山建筑的主要特征。悬山屋顶又可以细分为大屋脊悬山和卷棚悬山，不同之处在于，前者有一条正脊。

## 影壁的种类和特点

影壁是设立在建筑群里面或者外部的墙壁，它面对大门，起到屏障的作用。不论是位于门内还是门外的影壁，都会和进出大门的人打个照面，所以影壁也称照壁。在古代，影壁也叫“萧墙”，萧的意思是恭敬、揖拜，萧墙也就是双方见面行敬肃之礼的地方，引申为分隔内外的屏墙。

一般可以按照影壁所在位置的不同对其进行分类，如设在大门之外、大门之内、在大门两侧以及其他位置的影壁。设立在大门之外的影壁是指正对院落的大门，一般隔街或一定距离之外设立的屏墙。一般等级较高的院落，如皇宫、王府、重要寺庙等建筑群的门前才用这种影壁。它可以与大门入口的建筑之间形成呼应，有时还围合成广场的形式，起到强调、烘托气氛的作用。比如，北京紫禁城宁寿宫前的九龙壁、南京灵谷寺前的影壁、浙江宁波天童寺前的影壁。有的还特意做成“八”字形，以增加围合感。这些影壁的形制与独立的墙体类似，也可分为上、中、下三部分，即壁顶、壁身、壁座。皇家的影壁上部多为琉璃顶，形式类似屋顶的庑殿顶，壁身的四角和中心部分也多用琉璃图案进行装饰，而壁座外面也用琉璃瓦装饰，样式多为须弥座。

设在大门内的影壁，正对入口，起到隔绝视线的作用，避免人们一进门就对院内的事物一览无余，所以一般用在皇家寝宫或住宅院落之中，比如养心殿遵义门内的琉璃影壁、御花园外的影壁。在北京四合院中，我们也经常能看到这类影壁，一般设在院内东南角的山墙面上，而不独立设墙。壁身的中间部分装饰以精美的石雕，图案吉祥，极富生活气息。

位于大门两侧的影壁，主要是为了增加大门的气势，装饰作用大于实际功能，比如，紫禁城乾清门两侧的影壁。乾清门作为内廷的入口，地位自然非常重要，然而按照规定，它的形制，如开间大小、台基高低、屋顶形式上又不可超过太和门。于是，在乾清门左右设八字形影壁，与其融为一体，以增加其气势。这种手法在皇家建筑中经常可以看到。

## 牌楼的形式和功用

牌楼，是很常见的古代建筑，常被设立在一组建筑入口的最前端，或者是街头巷首，比如颐和园东宫门前的琉璃牌楼，色彩华丽，具有极强的装饰性，再如东单、西单、西四等地名，本来是叫东单牌楼、西单牌楼、西四牌楼，后因城市建设而被拆除。

不论位于何处的牌楼，从其形态可以看出，它具有建筑大门的性质，所以它的起源也和门不可分割。古代建筑一般以组群的形式出现，由大大小小的单栋建筑组合成具有围合感的院落，周边设以围墙，若想进入其中，只有通过院落的大门，由此，“门”这个元素对于古代建筑就具有特别重要的意义。早期的院门称作“衡门”，形式还比较简单，就是两根竖立的木柱，再在上面加一条横木。这种朴素的房屋在古代被称为“衡门茅屋”。陶渊明有诗云：“寝迹衡门下，邈与世相绝。”后来为了遮挡雨雪，这种简单的衡门就被加上木板屋顶，在《清明上河图》中，我们还能看到这种门出现在汴梁城的商户家中。

在宋代颁行的《营造法式》中还出现了一种名叫“乌头门”的大门形式，其具体构造方式为：两根直立的冲天柱，柱头上以水生植物乌头装饰，一条横木插入柱内，横木以下安格扇门。其形制与今天的牌楼已非常相似。

在古代，城市基本的居住单位为里坊，早期的里坊设有坊门专供人们进出，这些坊门称为“闾”。有时，闾门之上会写出里坊的名称，还可将功臣的事迹和姓名雕刻其上，予以表彰，是为“表闾制度”。由此，闾门慢慢发展演变成牌楼，所以，牌楼也具有记载地名、表彰功德的功能。

## 台榭的形式和功用

李白著名的《江上吟》中有一句道：“屈平词赋悬日月，楚王台榭空山丘。”前句是说，屈原的词赋长久不衰，而楚王的“台榭”却早已不见。于是，我们不禁产生这样的疑问，什么是“台榭”？它的形制又是什么样子的?

现代意义上的“台榭”，一般是指一些修建在水畔湖边的平台，或者体态轻盈开敞的建筑。而在春秋、战国时代，“台榭”却不是这个含义。如果参照现存的战国时期、秦汉时期的台榭遗址，以及青铜器上面保留下的图像，人们不难发现，“台”是指夯土筑成的巨大台阶状的多层土台；而“榭”指在各层台上挖出的房间，挖掘时还可以根据需要，留出分间用的隔墙作为承重墙。每间房间均在“台”边缘立檐柱，上架屋檐或楼板结构，屋顶形式以单坡屋顶和平顶为主，屋面则以架椽和铺芦苇的方式构成。“榭”的最上层是在台顶上筑承重外墙，中间立中心柱，也叫“都柱”，从而构成独立的主体建筑。

最初的台榭可能是供上层阶级眺望、宴饮、行射之用。在具体功能的安排上，底层建筑是辅助性建筑，因其多绕台一周，故称“周庑”，主要供卫士和侍从居住。出于安全考虑，底层一般不与台顶直接相通，而是由单独的上下梯道连接。台顶是台榭的主体建筑，一般供王或诸侯居住，有自地面至台顶的台阶，其中下段登上台顶的台阶称为“陛”。

在辉县（河南省西北部）出土的一块战国铜鉴上就刻画了一座台榭，其形制的下部为夯土墩台，台中心立中心柱，柱高一层。台顶部分也为一层，四周有外廊环绕，上为双坡屋顶。据推测，主体建筑大多为土木混合结构。

一种说法认为，台榭之所以出现，主要是由于上层阶级需要某种便于“居高临下”以壮声威的雄伟宫室，而以当时的技术尚不能平地建造多层楼阁，所以不得已利用多层土台作为基础。另一种说法认为，台榭这样体量巨大的多层建筑可以囤粮、屯兵，具有防卫的功能，在特殊情况下便于据守。

# 第十二章 古代礼仪常识

# “五礼”

“五礼”是中国古代对吉礼、凶礼、军礼、嘉礼、宾礼的总称。

吉礼，是祭祀天神、地祇、人鬼等的礼仪活动，虽历代兴革不一，但都极受统治者重视。其行礼十分考究，《通典·礼六六》曾云：“大唐开元年之制五礼，其仪百五十有二。一曰吉礼，其仪五十有五：一、冬至祀昊天于圆丘；二、正月上辛祈谷于圆丘；三、孟夏雩祀于圆丘；四、季秋大享于明堂；五、立春祀青帝于东郊……五十五，王公以下拜扫、寒食拜扫。”《周礼·春官·大宗伯》则云：“大宗伯之职，掌建邦之天神、人鬼、地祇之礼，以佐王建保邦国，以吉礼事邦国之鬼神祇。以禋祀祀昊天上帝，以实柴祀日月星辰……以血祭祭社稷、五祀、五岳，以貍沈祭山林山泽……以祠春享先王……以尝秋享先王……以烝冬享先王。”从上述可知，祭天、祈谷、大享明堂、春祭、大蜡、祭社稷、祭山川、祭天子宗庙、功臣配享、释奠、上陵、祀孔子、祀先代帝王、巡狩封禅等都是吉礼的内容。

凶礼，是用于吊慰的礼仪活动，包括丧葬礼（对死者表示哀痛与哀悼之情的礼仪）、荒礼（遇到荒年饥馑或瘟疫流行时，统治阶层表达体察灾情、与民同苦之意的礼仪）、吊礼（当他国遭受自然灾害后，统治阶层派人慰问的礼仪）、恤礼（邻国遭乱时，统治者派人慰问的礼仪）、禬礼（当他国遭敌人袭击而残破后，同盟诸侯筹集财物予以援助的礼仪）五个项目。后多指丧葬、持服、谥号等礼仪。《周礼·春官·大宗伯》："大宗伯……以凶礼哀邦国之忧，以丧礼哀死亡，以荒礼哀凶札，以吊礼哀祸灾，以禬礼哀围败，以恤礼哀寇乱。"《通典·礼六六》云："大唐开元年之制五礼……五曰凶礼，其仪十有八：一、凶年赈抚；二、劳问疾患；三、中宫劳问；四、皇太子劳问；五、五服（丧服）制度；六、皇帝为小功以上举哀；七、敕使吊；八、会丧；九、册赠；十、会葬；十一、致奠；十二、皇后举哀吊祭；十三、皇帝太子举哀吊祭；十四、皇太子妃举哀吊祭；十五、三品已上丧；十六、五品已上丧；十七、六品已下丧；十八、王公已下丧。"概括来说，凶礼都是他国或他人遭受不幸时表达慰问的礼仪。

军礼，是有关军事方面的礼仪。《通典·礼六六》云："大唐开元之制五礼……四曰军礼，其仪二十有三：一、亲征类于上帝；二、宜于太社；三、告于太庙；四、祃于所征之地；五、軷于国门；六、告所过山川；七、宣露布；八、劳军将；九、讲武；十、田狩；十一、射宫；十二、观射；十三、遣将出征宜于太社；十四、遣将告太庙；十五、遣将告齐太公庙；十六、祀马祖；十七、享先牧；十八、祭马社；十九、祭马步；二十、合朔伐鼓；二十一、合朔诸州伐鼓；二十二、大傩；二十三、诸州县傩。"《周礼·春官·大宗伯》云："大宗伯……以军礼同邦国。大师之礼，用众也；大均之礼，恤众也；大田之礼，简众也；大役之礼，任众也；大封之礼，合众也。"如《周礼》所举大师（召集和整顿军队）、大均（校正户口，调节赋征）、大田（检阅车马人众，亲行田猎）、大役（因建筑城邑征集徒役）、大封（整修疆界、道路、沟渠），以及《大唐开元礼》中记载的告太庙、命将、出师、宣露布、大射、马祭、大傩等。古时的军礼十分复杂，如在出征时，就有祭社、阅师、誓师、祭路、班师、劳师、献捷、献俘等一系列礼仪。显而易见的是，无论在哪个朝代，军礼都为王者之礼，属于国家礼制。

嘉礼，是喜庆的典礼，包括冠礼、婚礼、燕礼（君臣宴饮之礼）、飨礼（君王设宴款待宾客的隆重礼仪）、射礼（射击比赛的礼仪）等，有时特指婚礼。《周礼·春官·大宗伯》云："大宗伯……以嘉礼亲万民，以饮食之礼亲宗族兄弟，以昏冠之礼亲成男女，以宾射之礼亲故旧朋友，以飨燕之礼亲四方之宾客……以贺庆之礼亲异姓之国。"《清史稿·礼志六三》则说："（嘉礼）属于天子者，曰朝会、燕飨、册命、经筵诸典。行于庶人者，曰乡饮酒礼。而婚嫁之礼，则上与下同也。"

宾礼，是诸侯朝见天子及诸侯间相互拜访时的礼仪，如天子受诸侯朝觐、天子受诸侯遣使来聘、天子遣使迎劳诸侯、天子受诸侯国朝贡或宴请诸侯（使者）等。由于宾礼以天子为主，视诸侯为宾，因来宾身份、时间、目的的不同而又各有称呼，如朝、觐、宗、遇、会、同、问、视等。《周礼·春官·大宗伯》云："大宗伯……以宾礼亲邦，春见曰朝，夏见曰宗，秋见曰觐，冬见曰遇，时见曰会，殷见曰同，时聘曰问，殷兆曰覜。"《通典·礼六六》："大唐开元年之制五礼……三曰宾礼，其仪有六：一、番国主来朝；二、戒番国主见；三、番主奉见；四、受番使表及币；五、宴番国主；六、宴番国使。"随着君权的逐步强化，朝觐礼仪中的尊卑色彩也日趋浓厚。到了后世，官员、士、庶人之间的相见礼，也被称为宾礼。《仪礼·士相见礼》郑玄注即云："士相见，于五礼属宾礼。"

# 古代的祭礼

祭礼，祭祀鬼神的礼仪，又称吉礼。儒家虽不信奉鬼神，但祭祀的对象很多，大致有天神、地祇、人鬼三类，名目繁多。国家专门设有礼官，掌管祭祀方面的礼仪。古人对鬼神之祭非常重视，除了军事，就以祭神为头等大事了。在儒家五礼（吉礼、凶礼、军礼、嘉礼、宾礼）中，祭礼排首位，从中亦可见其重要性。春秋之前，祭祀时向鬼神奉献的祭品可以为牲畜，也可能是人。春秋之后，杀人祭神的风俗渐绝，但祭祀的重要地位并没有改变。至于祭祀的功用，《礼记·祭统》说："见事鬼神之道焉，见君臣之义焉，见父子之伦焉，见贵贱之等焉，见亲疏之杀焉，见爵赏之施焉，见夫妇之别焉，见政事之均焉，见长幼之序焉，见上下之际焉。"换言之，祭神祈福的宗教仪式，是能够体现人伦关系的方方面面的。因为百姓信奉鬼神，以祭鬼神的形式作道德教化的基础，百姓不但诚惶诚恐，而且深信不疑，在无形之中被儒家道德潜移默化。《礼记·祭统》云："祭者，教之本也。"所说的就是这个意思。

# 帝王封禅

封禅，是古代帝王祭祀天地的典礼。封禅的对象是特定的，专指泰山。在泰山上筑坛祭天叫封，在泰山南梁父山辟场祭地叫禅。为什么封禅的一定是泰山呢？因为在古人心中，泰山居于中国之中，有众神群居，是神山、通天之山。在《后汉书·乌桓传》中甚至有“中国人死后魂归泰山”的说法，从中可见泰山在国人心中的特殊地位。另外，君主在天下一统之时登封泰山，可以彰显自己的统治具有合法性，是奉天承运；在天下太平时封禅，可以向天帝汇报凡间文治武功的盛况。无论哪一条，都代表着无上的荣耀。因此历朝历代不乏蠢蠢欲动，想登顶泰山者。当然，封禅泰山不是人人都能做到的。根据儒家的通行说法，自古以来，只有受命帝王（神授君权）或盖世英主才有资格举行封禅大典。《汉书·郊祀志》载，春秋时，齐桓公称霸，会诸侯于蔡丘，打算封禅泰山。管仲听后，历数上古以来登封泰山的帝王，婉言规劝。齐桓公知道自己资格还不够，只好作罢。到了西汉武帝时，国力空前强盛，群臣纷纷劝进。司马相如临死前留下的遗文就是《封禅文》。后来汉武帝听方士说，封禅泰山可以成仙上天，于是欣然登山。成行之际，举国狂欢，当作盛大的节日。太史令司马谈因抱病在身，不能前往，竟引为终生憾事，拉着儿子司马迁的手感叹不已，封禅的意义可见一斑。在汉武帝之后，只有为数不多的君主进行过这一仪式，如汉光武帝、唐高宗、唐玄宗、宋真宗等。

## 古代的礼器

礼器是中国古代贵族在祭祀、宴飨、征伐及丧葬等礼仪活动中使用的器物，用来表明使用者的身份、等级与权力。礼器包括鼎、簋、鬲、盂、俎（食器），盘、匜、鉴、盉（水器），爵、斝、觚、觯、觥、彝、卣、尊（酒器），钟、鼓、钲、铎、铙、磬（乐器）以及玉帛（祭祀时用的璧、璋、琥、琮、圭、璜等玉器和束帛）。

礼器是在原始社会晚期随着氏族贵族的出现而产生的。进入商周奴隶制社会后，礼器有了很大发展，成为调节统治阶级内部秩序的象征。此时的礼器以青铜器、玉器为代表，其中青铜器工艺精美，意义重大。以青铜鼎为例，鼎本来是古代的烹饪之器，相当于现在的锅，用以炖煮和盛放鱼肉。许慎在《说文解字》里说："鼎，三足两耳，和五味之宝器也。"鼎有三足圆鼎，也有四足方鼎。最早的鼎是黏土烧制的陶鼎，后来又有了用青铜铸造的铜鼎。相传禹曾收九牧（即九州）之金铸九鼎于荆山之下，以象征九州。禹铸九鼎之后，鼎从一般的炊器变为传国重器，国灭则鼎迁。夏朝灭，商朝兴，九鼎迁于商都亳京；商朝灭，周朝兴，九鼎又迁周都镐京，从此代代相传。定都或建立王朝因此亦有"定鼎"一说，而"问鼎"则表示有图谋夺权之义。进入封建社会后，青铜礼器逐渐走向衰落。

再来说玉帛。玉帛具有双重含义，玉指玉器，帛指丝织品。从狭义上讲，指古代诸侯参与会盟或朝觐天子时所持的礼物。《论语·阳货》中孔子云："礼云礼云，玉帛云乎哉？"《尚书·舜典》中则记录了诸侯朝见天子的一幕："五玉（按：五等诸侯执玉）、三帛、二生、一死。"公、侯、伯、子、男五诸侯在朝见天子时各自拿着象征身份级别的玉器。孔氏传："三帛，诸侯世子执纁（浅红色的帛），公之孤执玄（黑中透红的帛），附庸之君执黄。"诸侯世家、公子的遗孤，附属国的国君各拿着羔和雁，称为"二牲"，士拿死雉，称为"一死"。朝见天子后，若天子认为诸侯没有过失，便把五玉一一发还，其余的三帛、二生、一死作为呈给天子的贡品不再发还。由此可见，玉帛既体现了臣子的身份，又是呈现给天子的贡品。从广义上说，玉帛泛指举行礼仪时所用的礼器。据《左传》载："禹会诸侯于涂山，执玉帛者万国。"《史记》云："夏之兴也以涂山。"涂山之会后，各个邦国的君长成为王朝治下的诸侯，禹在事实上确立了天下共主的地位。史料中记载，去朝见禹的人手里都拿着玉帛，玉帛在后世于是又成了和平的代名词，俗语"化干戈为玉帛"即由此而来。

## 古时丧葬习俗

我国古时丧葬的风俗烦琐而讲究。通常，人之将死称作"属纩"

（《礼记·丧大记》）。属，放置的意思；纩，指新絮。新絮很轻。据说古人会把新絮放在临终人的口鼻上，试看对方是否断气。虽然“属纩”的习俗因地而异，但是“属纩”却成了临终的代称之一。人刚死后，生人要上屋面向北方为死者招魂，称为“复”，意即召唤死者的灵魂回复到身体上。如果死者复而不醒，再为其办理丧事。人死后，一般要沐浴。《晋书·王祥传》记载王祥将死，戒其子曰：“气绝但洗手足，不须沐浴。”这个风俗一直持续到后世。人死后要入“敛”（殓）。敛分小敛、大敛。小敛，是给尸体裹上衣衾，身份越贵，衣衾越多；大敛则是把尸体装进棺材。敛时死人口中须含饭。入殓后，还要停丧待葬，称为“殡”。《论语·乡党》云：“朋友死，无所归，曰：竿我殡。”意思是说：“就在我这里停柩。”《左传·僖公三十二年》则载：“冬，晋文公卒。庚辰，将殡于曲沃。”是说把晋文公的灵柩送到曲沃停丧。据《春秋》《左传》载，次年四月，晋文公才正式下葬。出殡时，贵族还有很多规矩、排场，如送葬时执绋，着白衣。绋，为拉柩车的绳子。执绋的原意为亲友们协助拉车。后来出殡时，在送殡队伍的两旁拉两根带子，即是执绋的遗制。此外，挽柩的人还要唱挽歌。今天可见的古乐府相和曲中的《薤露》《蒿里》都是挽歌。后世的挽联就是从挽歌演变来的。下葬也有很多讲究，从中又可见贵族和庶民具有明显的等级差异。在殷商时代，奴隶主有人殉的制度。后来因人力可贵，以“俑”来代替奴隶。俑是人偶，有木俑、土俑。虽然活人不再殉葬，但孔子还是反对用俑，“仲尼曰：‘始作俑者，其无后乎!’”因为俑还属人形。

到了战国时期，统治者的殉葬品又包括了生前使用的车马。其他的随葬品各式各样，比如青铜制的饮食器、兵器、乐器，用玉制、骨制的装饰品以及专为随葬而作的“明器”（伴葬的器物）等。越是贵族，随葬品就越多，越精美。汉代时，日常生活中的东西被仿制成陶土模型随葬，明器的象征性越发明显了。

下葬离不开棺木，这里的贵庶之别也显而易见：贵族统治阶级的墓里大多有椁（椁），椁是外棺（起保护棺材的作用），椁之隆重有的竟有三四重之多。《论语·先进》中云，孔子的儿子孔鲤死后，“有棺而无椁”，可见椁不是一般人能用的。对于更多平民来说，下葬十分简朴，往往选择“槁葬”（草草安葬），如果遇着饥荒的年景，饿死以填沟壑也就很平常了。

## “五服”

“五服”指的是五种丧服。在中国古代社会，人们以丧服的不同来表示亲属之间的尊卑及血缘关系的远近。在封建社会，由于父系家族为主导，社会以父宗为重。其亲属范围指本宗九族，即自高祖至玄孙的九个世代：父亲、祖父、曾祖父、高祖父、自己、子、孙、曾孙、玄孙。上述亲属的旁亲，都是有服亲，称内亲。与之对应的母亲一系叫外亲，服制只有一世，即外祖父母、舅父、姨母、舅表兄弟和姨表兄弟，其他人无服亲。有服亲属，死为服丧。亲者服重，疏者服轻，依次递减。《礼记·丧服小记》所说的“上杀、下杀、旁杀”即此意。

丧服按服丧期限及丧服粗细的不同，分为五种，即所谓“五服”：第一是斩衰（cuī，指丧服）三年，用极粗生麻布为丧服，不缝衣旁及下边，斩断处外露，以示不修边幅。由于成衣像斧斩一样，故名斩衰。与粗麻衣相应，腰带、冠缨也以粗麻制成，配以草鞋、苴杖（俗称“哭丧棒”，用没有修整的粗竹做成）。以斩衰服丧是五服中最重的一种，按礼制，用于臣、子、妻、妾为君、父、夫服丧。第二层次为齐衰，用次等粗生麻布，缝衣旁及下边。按服丧期限长短，又分为齐衰三年、齐衰杖期（一年）、齐衰不杖期（不执杖，一年）、齐衰五月和齐衰三月等。三是大功（“功”同“工”，做工义，大功即做工粗）九月，用粗熟麻布为丧服。四是小功（做工精细）五月，用稍粗的熟麻布为丧服，主要是为兄弟之亲所服。五是缌麻三月，用稍细的熟麻布为丧服。缌麻是五服中最轻的一种，表示边缘亲属，如曾叔伯父母、族叔伯父母、外祖父母、岳父母、舅父、外孙、外甥等。

五服之外，同五世祖的亲属为袒免亲。袒，指露左臂；免，用布从项中向前交于额上，再后绕于髻。为袒免亲服丧，因时代不同制式也屡有变迁。宋时，以白阑缟巾为袒免亲丧服。明清时，奔丧着素服，以尺布缠头。到六世时，亲属便是无服亲了。对此，《礼记·大传》载：“四世而缌，服之穷也。五世袒免，杀同姓也。六世亲属竭矣。”

五服制度有三个显著的特点，即男尊女卑、血缘明确、有嫡庶之别。五服制在汉代后，成为正统礼仪。

# 服　丧

服丧是为死者守丧的礼仪，指丧事办完后，亲属还要在一定时间内在衣食起居等日常生活方面遵守一些特殊的礼节，以示哀悼。服丧时，最重要的是遵守服制，即守丧期间的服饰以及期限。根据与死者关系的亲疏远近有“五服”。对于期限，古代礼制因死者对象不同而有相应的服丧期限。这些期限往往不十分确定，处在变动之中。其中，以“三年之丧”为最长。三年守孝有着特殊重要的地位，其渊源可追溯至上古，《尚书》中记载：“帝（尧）乃殂落，百姓如丧考妣，三载，四海遏密八音”，“（殷高宗）乃或亮阴，三年不言。”《礼记・三年问》载“三年之丧”为“子生三年，然后免于父母之怀”，为服丧三年释义。《孟子・万章》甚至记载了这种礼仪的顶真延续：“尧崩，三年之丧毕，舜避尧之子于南河之南。……舜崩，三年之丧毕，禹避舜之子于阳城。……禹崩，三年之丧毕，益避禹之子于箕山之阴。”此后历朝历代，凡涉及守丧仪制几乎无不提“三年之丧”。

# 冠　礼

冠礼也叫成男礼或成丁礼，由于主要的礼仪形式就是加冠，所以叫“冠礼”。冠在人的头上，至高无上，地位最尊，所以古人对冠特别重视。子路在卫国的一次战争中负了重伤，帽缨也被砍断了，临死之前他却说：“君子死，冠不免。”遂结缨而死。可见冠在古人心目中的地位。行冠礼能使人增添庄重的感觉。行冠礼之前，当事人还是孩子，加冠之后就成了大人，别人就要以成人之礼来相待，自己的言行举止也要符合社会的礼仪规范，所以冠礼被称为“礼之始”，被列为“六礼”（冠、昏、丧、祭、乡、相见）之首。

据《礼记・士冠礼》的记载，冠礼是在宗庙里举行的，由父亲或兄长主持仪式。仪式非常隆重而烦琐，大致有十几道顺序：

先是以占卜决定加冠的吉日，然后在离吉日还有三天时通知宾客，再在宾客中选定一个负责加冠者。选定之后还要一再地敦请。到了加冠那天，宾客入庙就位，接受加冠的青年出房就位行礼，接着就开始加冠。正式的加冠礼有三次：初加缁布冠，表明他已成人，有了成人所应有的一切责任和权力，可以管理人了；二加皮弁，表示从此要服兵役了；三加爵弁，表明他从此有权参加祭祀了。每加一次冠，宾客都要对受冠者致祝词；三次加冠之后，主人就要设酒宴礼宾。这时加冠青年还要去拜见母亲，然后由宾客给他取字，再去拜见兄弟等家人及地方行政长官和乡里的前辈。加冠青年在向家人、地方长官以及前辈行礼时，受礼者都要答礼，以示家庭和社会对刚加冠的男性新成员的尊重，并让他明白今后将要负担的家庭和社会的责任。最后是主人的再次敬酒和恭送宾客。至此，成人的加冠礼才全部结束。

由此可知，先秦时的加冠礼是相当繁复的。后来这种仪式逐渐有所简化。

加冠礼中，文化意味较浓的一个步骤是取字。“童子无字”，字是成人的一个标志。《礼记·冠义》说：“已冠而字之，成人之道也。”行冠礼取字后，别人一般就不能随便直呼其名，而必须称字了。直呼其名就成了一种很失礼的行为。

加冠既是成人的一个标志，冠也就成了贵族成年男子的重要服饰，该戴冠的场合如果不戴冠，常会被看作是一种非礼的行为。《晏子春秋·内篇杂上》说齐景公“被发，乘六马，御妇人，以出正闺”，一个叫刖跪的守门人竟然“击其马而反之，曰：‘尔非吾君也。’”使“景公惭而不朝”。一个小小的守门人居然敢如此大胆地阻挡景公，不让他的车马走出宫门，原因就在景公的披发，不冠不合礼。对此，景公自己也感到理亏。《史记》中也说汉武帝有一次因为不冠，望见汲黯来奏事竟躲到了帐中去。这说明戴不戴冠不仅仅是遵不遵守礼制的问题，还含有对别人是否尊敬的意思。《后汉书》说马援在未做官时，“敬事寡嫂，不冠不入庐”，表示的就是对寡嫂的敬重和礼貌。

行冠礼的年龄一般是二十岁。《礼记·曲礼上》：“二十曰弱，冠。”意思是说，二十岁虽说身体还不太强壮，但已成年，可以行冠礼了。实际上，行冠礼的年龄常有早于二十岁的。《左传·襄公九年》："国君十五而生子，冠而生，礼也。"一个男青年只有行了冠礼之后才能择偶婚配，才合乎礼。所以为使未满二十的男青年生子合礼，就只有提前行冠礼了。孔颖达在《礼记》的疏文中说，唐代的庶人和士人之子年二十而冠，但卿大夫之子十五岁以上就可以行冠礼了，天子、诸侯和天子之子更有早到十二岁就行冠礼的。身份越高的嗣子，行冠礼的年岁就越有可能提前。这种做法其实是为延续宗法社会而采取的一种无奈的变通。

## 笄　礼

女子行笄礼的年龄要早于男子。《礼记·内则》说女子"十有五年而笄"。十五岁在女子为"及笄"之年，表示女子已经成年，可以出嫁了。《仪礼·士昏礼》说："女子许嫁，笄而醴之称字。"女子到了十五岁就可以出嫁了，但之前要先行笄礼，并像男子一样取个字。如果十五岁还没有许嫁呢？郑玄说："其未许嫁，二十则笄。"可见，嫁不出去的姑娘，最迟二十岁也要行笄礼的。

笄是一种盘头发用的簪子。所谓笄礼，就是将头发挽起来，用笄簪上。在古代，无论男女，幼年时的头发都是自然披散的，最多也只是扎成两束垂在脑后，称"总角"。成年之后，头发就要精心收拾了。男子加冠，女子加笄。但由于重男轻女的缘故，有关笄礼的记载比较少见，举行时也远不如冠礼隆重。在朱子的《家礼》中，记载了一般人家的笄礼仪式：女子于许嫁之后由母亲主持笄礼。提前三天通知宾客，提前一天登门邀请行笄礼的主宾。行礼之日，主妇恭迎女宾入堂，并请主宾为女孩加笄，然后是换衣、祭酒、用字。最后是父亲带去祠堂拜祖先，与长辈见礼，宴请宾客。

全部程序与男子的冠礼相比，少了三次加冠的仪式，也没有与地方长官和乡绅见面的内容。这是因为女子成年以后的社会活动和社会责任有别于男子。由于女子婚后的主要活动范围都被限制在室内，所以，女子婚后就有了一个别称——“内子”。

## 古代的婚聘六礼

婚姻是人生大事，婚姻之礼理所当然是郑重的。中国传统的婚姻，男女双方在婚前多半是从未谋面的，全凭父母之命、媒妁之言。父母主要考虑的是宗族的延续和门当户对，很少考虑当事人的情感。

婚聘礼仪就是婚前的礼仪，传统的有“六礼”，即纳采、问名、纳吉、纳征、请期和亲迎。

一是纳采。

这是婚聘六礼的第一礼。男方家长向女方家长表达联姻的意愿，并托媒人带好礼品去提亲，即现在所说的“说媒”和“求婚”。

纳采必须送礼，这个礼物在先秦时期是雁，所以纳采也叫“奠雁”。雁是当时婚聘礼仪中最重要的礼品。后世除用雁之外，还有用羊、鹿、阿胶、干漆和蒲苇等作为婚聘礼品的。这些礼品也都是有其寓意在内的：羊者祥也，鹿者禄也，都是用来表吉祥的；阿胶、干漆取其如胶似漆之意，喻夫妻和谐；蒲苇则以其柔顺喻妇女之温柔。

二是问名。

女方如果收下了男方的雁，就表示允婚了，于是就有了男方第二次用雁上门的问名。问名就是互相初步了解对方的姓名、年龄、生辰、籍贯和三代（曾、祖、父）等情况，就是通常所说的“请八字”和“请庚”。

问名一般是口头的，郑重的也有写成帖子给对方的。后来还增加了家长相看的内容，弥补了对对方一无所知的缺陷。隋唐以后，六礼的步骤有所简化，问名和纳采就合成一步同时进行了。

三是纳吉。

纳吉在婚聘六礼中是最关键的，因为这时已进入到了实质性的订婚阶段。

男方在问得女方的生辰八字后，还有一个不是很简单的合婚工作。我国古代的婚姻，除了父母之命和媒妁之言外，还需要有一个“天神之兆”作依据。最初还比较简单，只须“归卜于庙”，如果得到一个吉兆，婚姻之事就算定了。

四是纳征。

纳征在婚聘六礼中是最重要也是最具特色的，也叫“纳成”。“征”就是“成”，意思是男家只有先纳聘礼才能成婚，所以也叫“纳币”“纳财”“过礼”“大聘”等。

纳征所送的礼品比较重，不再用雁了。先秦时还只是布帛和毛皮衣物等，汉代以后就多用金银了，而且数目还相当可观，大有愈演愈烈之势。

五是请期。

女方一旦接受了彩礼，婚约就算正式缔结，接下来的工作就是请期。所谓请期，就是男方选定了合婚的良辰吉日去征求女方的意见。但征求时为示谦让，要请女方确定日期，所以叫请期。其间女方也要有一番谦让。最终是男方把选定的日期告诉女方，所以后来也叫告期。

请期也要送礼，古礼用雁，后世则用各色礼物。女方则于迎娶之前要“过嫁妆”。男方在收到嫁妆之后，新女婿要由媒人陪同去女方家“谢妆”。过嫁妆其实就是亲迎的准备。

六是亲迎。

亲迎是婚聘六礼的最后一礼，相当于后代的婚礼大典各个礼仪既隆重又烦琐，在古代要分三天才能完成。

第一天是亲迎的准备。女家要为女儿“开脸”“上头”。开脸就是用细线绞去脸上的绒毛，并修齐鬓角和额发。开脸是区别已婚与未婚的象征，旧时为人妻者也被叫作“开了脸”的。上头就是笄礼，这也是区别女子是否已婚的标志。女方还要去男家整理新房和婚床，叫铺房。“铺床”一方面意味着是娘家对女儿的最后一次照顾，另一方面又代表女儿对女婿所作的一次礼仪性的侍奉。所以铺房也叫暖房。

男方在这一天还要送最后一次礼：催妆礼。催妆礼除了一般礼品外，主要是供女方妆饰用的物品。新郎还要去亲戚朋友家行礼，表示自己已成年，要成婚了，这叫“告冠”。

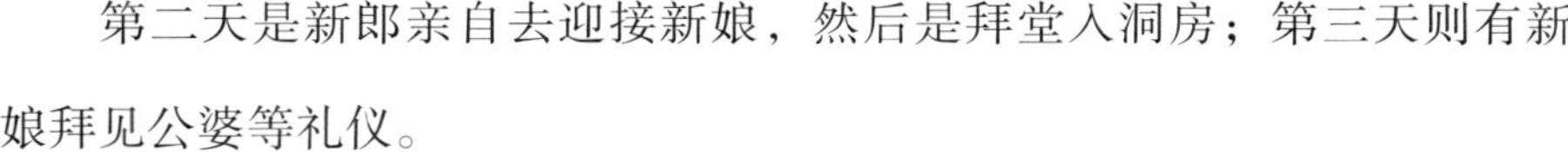

第二天是新郎亲自去迎接新娘，然后是拜堂入洞房；第三天则有新娘拜见公婆等礼仪。

# 跪拜礼

跪拜礼是我国古代的生活礼节，它的出现与当时的物质条件和人们的生活习惯有关。在汉代以前，我国还没有正式的凳椅。人们无论进食、议事都只是在地上铺一张席子（一般用芦苇、竹篾编成），人就坐在席子上。如果请客人坐正席，则多垫一重席子，以表示恭敬。如果是统治者就座，其坐的席子的质料比普通质料要好一些，如周代举行大朝觐时，王者所坐的席位即设有绣着黑白斧形的屏风，屏风前铺着用莞草编成的席子，上面有五彩蒲席和桃枝竹席，左右摆设扶手，给王者凭依。因此，古代的“坐”和我们今天的“坐”完全不一样：古人坐时要两膝着地，然后臀部坐于后脚跟之上，脚掌向后向外，实际上就相当于我们现在的跪。在接待宾客向客人致谢时，为了表示尊敬，坐着的人往往伸直上半身，也就是“引身而起”，然后俯身向下，这样就逐渐形成了跪拜礼。

发明桌椅后，行跪拜礼越发显得不便，但对于受礼人却更有意义，一是更能体现尊卑之别，二是由于施礼人两膝着地，以头着地，难有攻击性动作，对于受礼者比较安全。因此，这一礼节就作为觐见上级的“保留节目”流传了下来，虽历经王朝百代，仍盛行不衰。直到清朝乾隆年间，英国特使马戛尔尼拒绝在中国皇帝面前行跪拜礼，这一在中国沿用了数千年的礼节才首次遇到挑战。在西方列强的强烈要求或说要挟下，清王朝不得不妥协：外国公使在觐见皇帝时以鞠躬代替三跪九叩。虽然如此，但在本国君臣、上下级之间，仍然保持着这一礼节，依照等级行三跪九叩、二跪六叩、一跪三叩之礼。辛亥革命后，叩拜礼被革除，取而代之的是脱帽鞠躬（分三鞠躬、一鞠躬）。如今，这一延续了千余年的礼节，只是在拜神、拜祖时还有所保留。

## 古人的行辈

“行辈”是中国特有的表示家族纵横关系的方式。行，指排行，是一个人在家族中的长幼次序。表示行辈的方法主要是用字，即以字取人名，通过用字区分辈分、排行。这些字因时代不同而各有特色，在先秦时期，最常见的行辈用字是：孟、伯、仲、叔、季，如伯禽、仲山、叔陶、蓦路等，排行长幼一目了然。之后的排行像长、次、幼、少、元等也很常见。长、元表示排行第一，如司马长卿（司马相如字）；次，是次子，指排行第二，如祭肜字次孙；幼、稚，表示排行最末，如东吴时孙坚的弟弟孙静，字幼台、东晋时葛洪，字稚川；少，指弟弟，如东汉时人许荆上有兄长，他的字是少张。普通百姓还常以数字为名表示排行。

魏晋时期以后，表示行辈的字逐渐从字转向名，如唐代杜甫的两个儿子分别叫宗文、宗武。颜真卿、颜杲卿、颜春卿三兄弟则同属颜家的“卿字辈”。一些大家族通常规定出若干代的辈字，这样，同一家族即使历经数代，分散各地，从名字上也能分辨出辈分关系来。行辈的字快要用完的时候，就由家族中德高望重的族长再次续字延长。除了以字人名外，以偏旁作规定也是标明行辈的主要形式，如宋代“三苏”中的苏轼、苏辙兄弟，偏旁都为“车”；再如《红楼梦》中的贾家子弟，其第二代用“亻”旁，第三代用“攵”旁，第四代都用“王”旁，第五代用“艹”旁，如贾代善、贾敬、贾珍、贾蓉等。

因为行辈有其特定的意义，因此宋元时期以后，宗谱在中层以上的家族中十分盛行，甚至影响到了皇族。以清朝统治者为例，其行辈字派也是两种方法并用，即名字和偏旁，像雍正帝一辈的名的第一个字都是“胤”，后一个字都是“礻”旁；乾隆帝一辈则是“弘”字与“日”旁。乾隆、道光、咸丰皇帝还分别规定了四代行辈用字：永、绵、奕、载，溥、毓、垣、启，焘、岂、增、棋。

从古到今，后代行辈关系最完整清楚的要属孔子家谱了。孔氏从第五十一代起，规定孔氏族人统一的辈字为：元、之、浣、思、克、希、言、公、彦、承、弘、闻、贞、尚、胤。清朝时，孔家原有辈字用完后，乾隆帝特赐三十字用作辈字，前十字回溯自五十六至六十五代的辈字，后二十字为：兴、毓、传、继、广、昭、宪、庆、繁、祥、令、德、维、垂、佑、钦、绍、念、显、扬。民国九年，又继拟二十个辈字，分别为：建、道、敦、安、定、懋、修、肇、彝、常、裕、文、焕、景、瑞、永、锡、世、绪、昌。从孔子时到现在，孔家共历近八十代子孙，其行辈仍然十分整齐。

# 参考文献

[1]汪政. 诗词名句分类手册[M]. 上海: 上海百家出版社, 2009.

[2]张岱年, 方克立. 中国文化概论[M]. 北京: 北京师范大学出版社, 2011.

[3]程裕祯. 中国文化要略[M]. 北京: 外语教学与研究出版社, 2011.

[4]贾鸿雁. 中国历史文化名城读本[M]. 北京: 化学工业出版社, 2008.

[5]侯仁之. 侯仁之讲北京[M]. 北京: 北京出版社, 2005.

[6]辜正坤. 中西文化比较导论[M]. 北京: 北京大学出版社, 2007.

[7]葛兆光. 古代中国文化讲义[M]. 上海: 复旦大学出版社, 2012.

[8]钱穆. 中国思想史[M]. 北京: 九州出版社, 2012.

[9]吕思勉. 先秦史[M]. 北京: 中国友谊出版公司, 2009.

[10]司马迁. 史记[M]. 北京: 中华书局, 2014.

[11]姬旦. 周礼[M]. 徐正英, 常佩雨, 译，注. 北京: 中华书局, 2014.

[12]童书业. 春秋史[M]. 上海: 上海古籍出版社, 2010.